Gleam Sibylle Springer

KERBER EDITION YOUNG ART

Inhalt > Contents

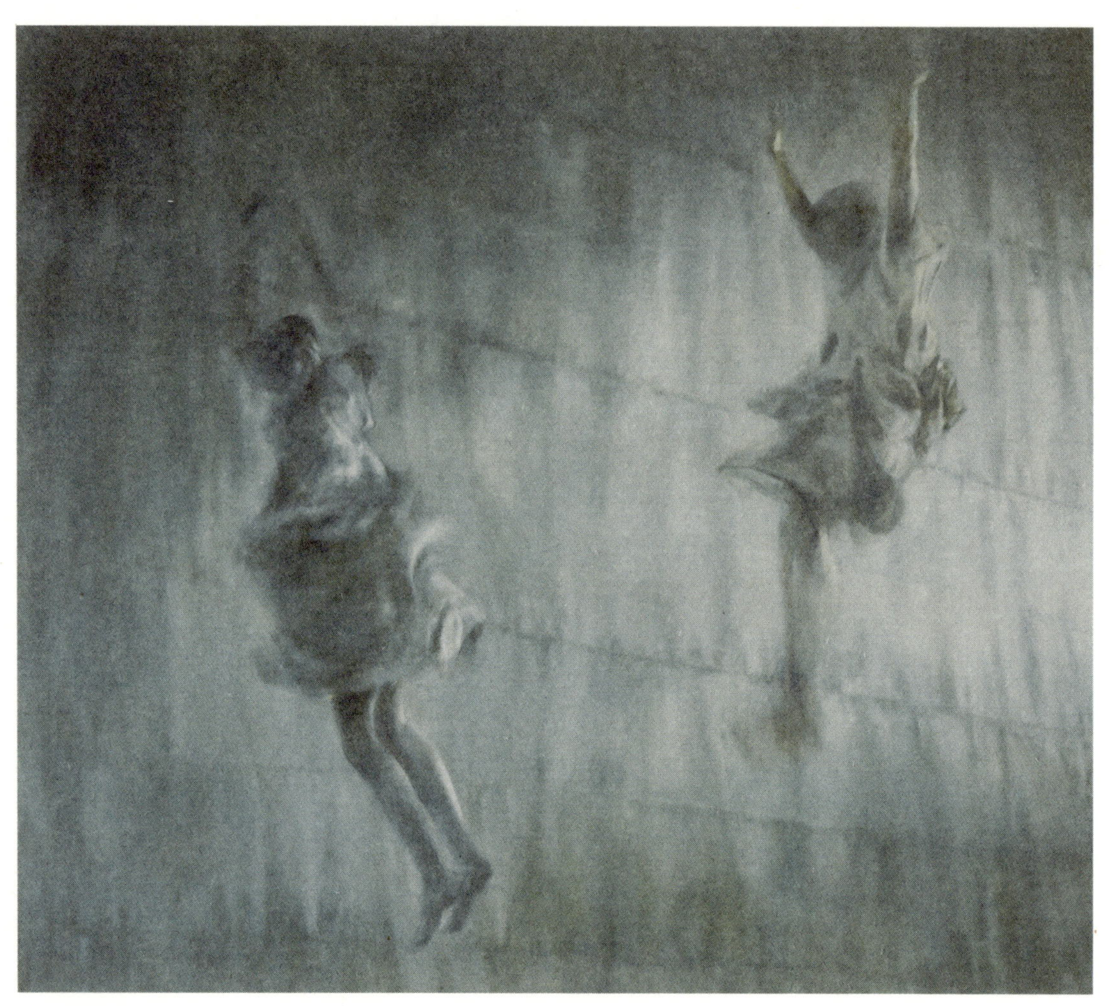

Ohne Titel, 2004, Öl auf Leinwand, 190 x 210 cm
Untitled, 2004, oil on canvas, 74.8 x 82.7 in

Weiße Flecken. Einzeichnen des Unbekannten

Kathrin Meyer

Sibylle Springers Bildserien von schwebenden oder fallenden Frauenkörpern, rätselhaften dunklen Räumen, die von nebelartigen Linien erfüllt sind, oder ihre jüngste Serie, die Regenbilder, werfen Fragen auf wie: Was ist zu sehen? Womit haben wir es hier zu tun? Solche Fragen führen zunächst an die Oberfläche des Bildes, zu Beschreibungen von Pinselführung, Farben, Formen, Linien und Flächen. Man macht Farbschichtungen und Konturen aus, formuliert erste Interpretationsversuche. Linien werden zu Teilen von etwas. Die Fragen verschieben und erweitern sich im Verlauf dieser Betrachtungen, werden anders gestellt: Wie und warum sehen wir was? Denn Springers Bilder thematisieren nicht zuletzt Arten und Weisen, mit den Mitteln der Malerei etwas zu erkennen zu geben und zu verhüllen.

Dabei beschäftigt sich Sibylle Springer immer wieder auch mit dem gemalten Raum. Im Jahr 2004 erarbeitet sie eine Reihe von Bildern, die aufsteigende oder fallende weibliche Figuren zeigen (Abb. S. 11, 14). Diese sind unverbunden in einem mehr oder weniger klar definierten Raum positioniert, den die Körper jeweils schwebend durchqueren. Während das Geschehen rätselhaft bleibt, scheint ein besonderes Interesse jenen Elementen zuzukommen, die Räumlichkeit in einem Bild konstituieren und Bewegung anzeigen: Schattierungen, Fluchtlinien, Farbtiefe, Ausgestaltung von Details wie wehende Haare oder Kleider, die Richtungen oder Bewegungen anzeigen. Wie lässt man einen Körper im Raum schweben? Was unterscheidet Körper von Raum? Wie bedingt die Erkennbarkeit des einen diejenige des anderen? Fragen wie diese werden hier bearbeitet, wobei es bis zum Ende offen bleibt, ob die Frauen fallen oder schweben, in Gefahr sind oder es sich um Traumbilder handelt. Dramatisch wirkt das Geschehen nicht und auch die Malweise trägt zum Eindruck relativer Ruhe bei: Die Ölfarben sind sorgfältig gemischt, der Pinselstrich ist an keiner Stelle gestisch-expressiv, sondern dient zurückhaltend dem Konstruieren von Raum und Figur. Die Körper sind realistisch ausgeführt, Details der Umgebung ebenso. Dennoch bleiben Leerstellen in den Bezügen zwischen Figuren und Raum; die Gestaltung der Umgebungstexturen etwa trägt bei allem Detailreichtum nicht zur Aufklärung über materielle Beschaffenheit oder zur Zuordnung von Außen- oder Innenraum, Zimmer oder Saal usw. bei. Könnte es sein, dass die Malerin hier erprobt hat, mit den Mitteln gegenständlicher Malerei die Trennlinien zwischen Abstraktion und Gegenständlichkeit zu vermessen, zu verschieben? Wann ist ein Raum abstrakt? Was heißt es, dass eine Figur letztlich unbestimmbar bleibt? Dass ein Rest bleibt, der nicht zu erklären, dem sprachlich nicht beizukommen ist?

Im Jahr 2005 malt Springer einen Vorhang, detailreich, ausführlich. Sie legt diesen jedoch auf eine Länge von fünf Metern hinweg an, ohne Anfang und Ende zu zeigen. Zudem ist die Waagerechte des mit *Vorhang II* betitelten Bildes tatsächlich die Senkrechte des Stoffes, wodurch sich Zweifel über die Deckungsgleichheit von Titel und Dargestelltem verstärken. Der gemalte Ausschnitt, aus dem Kontext gerissen, gedreht und stark vergrößert, lässt sich nur schwer mit der Vorstellung eines Vorhangs in Einklang bringen, gibt Rätsel auf, ähnlich wie ein einzelnes Puzzleteil über das Gesamtbild. Weiße Flecken markieren auf alten Landkarten unbekanntes Terrain. Sucht Sibylle Springer solches hier anzulegen? Das Bekannte wird mit weißen Flecken durchsetzt, wird durch minimale Weglassungen und Hinzufügungen verfremdet, verrätselt, erscheint endlich als unbekannt. *Vorhang II* markiert einen weiteren Schritt weg von der Figur und hin zu einer Befreiung vom Diktat der Ähnlichkeit, zum Einbauen von Zufall und Unvorhersehbarkeit, zum Umformulieren von Regeln der bildlichen Darstellung und zum Schaffen von Übergängen zwischen Abstraktion und Gegenständlichkeit. In der von 2007 bis 2009 entstandenen Serie *Underground Paintings* schließlich öffnet Sibylle Springer den Bildraum noch weiter für ungeplante Entwicklungen und Deutungen, setzt die Fläche in Bewegung und spielt auch in der formalen Gestaltung mit Distanz und Nähe von Gegenständen und Figuren, die doch nie restlos greifbar werden.

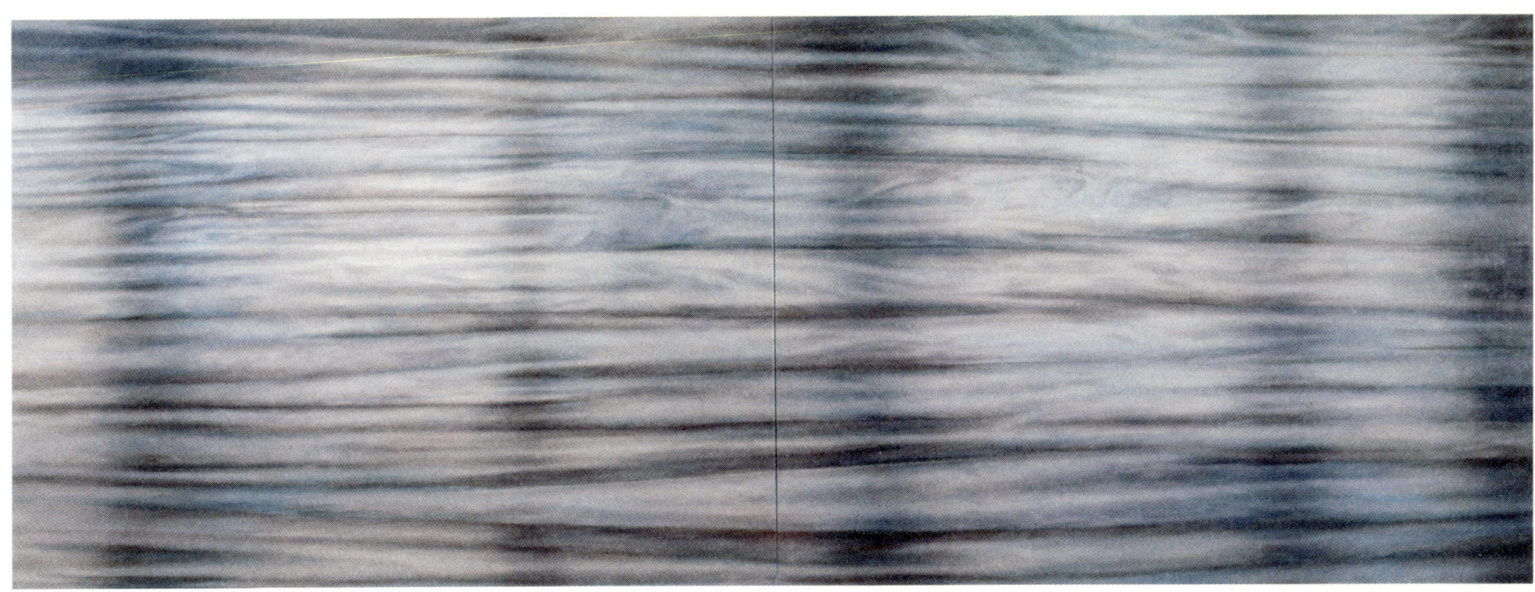

Vorhang II, 2005, Öl auf Leinwand, 190 x 500 cm
Curtain II, 2005, oil on canvas, 74.8 x 196.9 in

Underground Paintings

Weiß leuchtende Punkte und Farbkreise, verschlungene Linien überziehen die dunkle Leinwand. Im Hintergrund sind Konturen eines Raumes erkennbar, Boden unterscheidet sich von Wand. Klare Konturen stehen zwischen flächigen

[1] „Bei meiner Arbeit wende ich ein ‚barockähnliches' Prinzip an" – Sibylle Springer im Gespräch mit Wolfgang Ullrich, erschienen in diesem Band, S. 18–27.

[2] Übersetzt ins Deutsche lauten die Titel „blinzeln", „kritzeln", „pink", „Finsternis", „farbige Wand". „Kinky" ist kaum übersetzbar, sexuell konnotiert und bedeutet so viel wie „abartig" oder „abgedreht", wird aber auch im Sinne von „cool" verwendet.

[3] Francis Bacon, zit. nach Gilles Deleuze, *Francis Bacon – Logik der Sensation*, München 1995 (1985), S. 59. „Nach Bacon ist der Zufall nicht von einer Gebrauchsmöglichkeit zu trennen. Es ist der *manipulierte Zufall*, im Unterschied zu den *vorgestellten oder gesehenen Wahrscheinlichkeiten*."

Farbschattierungen, Linien überlagern einander, darunter scheinen andere durch. Die Oberfläche wirkt durchlässig, die Linien immateriell wie Lichteffekte oder bunte Nebelschwaden. Langzeitbelichtungen von bewegten nächtlichen Lichtern können so aussehen. Die Grobkörnigkeit des Ganzen erinnert an digitale Fotos, die mit hoher ISO-Zahl, also hoher Lichtempfindlichkeit, in der Dämmerung aufgenommen wurden. Beschreiben die Linien eine Form? Den Umriss eines Körpers? Könnten die Striche im Hintergrund zwei Augen und einen Mund darstellen, verbirgt sich eine Fratze in der Dunkelheit? Oder sind es Buchstaben? Reste, Zeichen, verschlüsselte Botschaften?

Wie Sibylle Springer in einem Interview[1] erzählt, entstand die Serie der insgesamt zwölf *Underground Paintings* im Anschluss an einen Aufenthalt in New York. Dort sei die U-Bahn ausnahmsweise einmal langsam durch die wegen Bauarbeiten beleuchteten Tunnel gefahren und Springer habe entdeckt, dass ihre Wände bemalt sind, bedeckt von Graffiti. Kaum gesehen, seien die Graffiti auch schon wieder aus dem Blick verschwunden, ließen sich nur noch als Schemen zu erinnern. Aufleuchten diffuser Linien. Orte, an die nur die Vorstellungskraft gelangen kann. Unerforschte Höhlenmalerei. Der Beat von Farben und Formen unter der Stadt. Geheime Geschichten der Stadt. Reste. Zeichen. Verschlüsselte Botschaften.

Während Titel wie *Blink, Scribble, Pink, Gloom, Colored Wall* oder *Kinky*[2] nicht unbedingt Rückschlüsse über Ort oder Geschehen zulassen, ist die Assoziation von Graffiti beim Betrachten der Bilder dieser Serie sehr stark; einerseits durch die poppige Farbpalette, andererseits durch die Transparenz der Farbe, die jeweils mehrere übereinanderliegende Schichten sichtbar werden lässt. Auf den ersten Blick sieht es aus, als habe jemand einen Pinsel oder eben eine Sprühdose schwungvoll über die Leinwand bewegt. Manchmal erinnern die Linienformen an ‚Tags', signaturartige Erkennungszeichen von Graffitisprayern. Doch läuft diese visuelle Spur schnell ins Leere und ein vermeintlicher Buchstabe entpuppt sich als Ansammlung von Pinselstrichen. Vielleicht ein Buchstabe, Teil eines Wortes, vielleicht

Farbfläche. Oder beides zugleich. Aus der
Nähe betrachtet zerstreut sich der Eindruck von gestischer, expressiver Malerei
oder Hochgeschwindigkeitsmalerei
mithilfe von Sprühfarbe endgültig: Die
Oberflächen der Bilder bestehen aus
Hunderten von aneinander- und überein-
andergeschichteten Einzelstrichen, aus
Fläche und Form gewordener Akkumula-
tion von Strichen. Dabei hat Sibylle
Springer zu Beginn keine festgelegte
Vorstellung, wie das fertige Bild aussehen
soll. Das Spiel mit Form und Farbe entwickelt sich in Einzelschritten, die zu
einem unvorhersehbaren, nicht bis ins
Letzte planbaren Ergebnis führen. Es ist
geprägt vom Improvisieren, vom Experi-
mentieren mit ungewissem Ausgang, von
„manipulierten Zufällen"[3] und benutzten

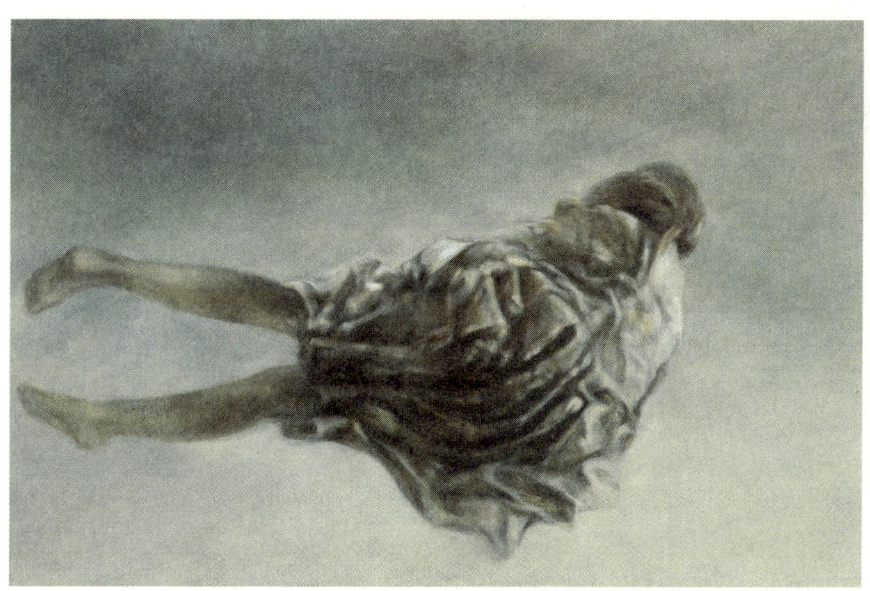

Ohne Titel, 2004, Öl auf Leinwand, 80 x 120 cm
Untitled, 2004, oil on canvas, 31.5 x 47.2 in

Unfällen, wie es etwa für die Praxis Francis Bacons beschrieben wurde. Sibylle Springer setzt ihre Bilder in einem
relativ langwierigen Prozess zusammen, wobei ihr die verwendete Acrylfarbe ein schier unendliches Übereinanderle-
gen von durchscheinenden Schichten ermöglicht. Anders als Ölfarbe erzeugt diese keine pastose, undurchdringliche

Oberfläche, sondern eine, die trotz vieler Schichtungen relativ transparent bleiben kann. So durchdringen Hintergrund und Vordergrund einander, Farbkontraste und Hell-Dunkel-Schattierungen erzeugen Übergänge zwischen Raumtiefe und Flächigkeit, zwischen benennbaren Formen und unentzifferbaren Wirbeln. Im Bild *Pink* (2009) etwa lässt sich sehr gut beobachten, wie selbst breit angelegte Farbflächen darunterliegende Strukturen noch erkennen lassen, das Bild als Palimpsest, als vielfach beschriebene Oberfläche, in Erscheinung tritt. Es wohnt den Bildern damit etwas Schwebendes, Unbestimmbares und Irreales inne, sie entziehen sich einer einfachen Lesbarkeit, spielen mit dem Verweigern von Eindeutigkeit, versetzen und halten das Auge in Bewegung, sind selbst in Bewegung.

In einigen Bildern der Serie, etwa in *Gloom* (2008), durchziehen etwas hellere, klarer bestimmte Linien das Bild diagonal. Eine Rasterstruktur liegt offenbar unter dem Linienfeuerwerk – ein sorgfältig konstruierter, perspektivischer Raum, der jedoch nur andeutungsweise erkennbar ist. Während des Betrachtens schweift das Auge hin und her zwischen dieser statischen, stabilisierenden Raumstruktur, die etwa an einen Tunnel denken lässt, und den dynamischen, graffitiartigen Liniengebilden, welche das Bild dominieren. Die Rasterstruktur steht im krassen Gegensatz zu den amorphen Geflechten: Erstere ist nach klaren Regeln konstruiert, auf einen Fluchtpunkt hin angelegt, das Resultat der Arbeitsschritte ist vorhersehbar; die zweiten besetzen ausgreifend und anarchistisch die Fläche, sie erhalten ihre Form und Anordnung in einem Prozess, der nicht vollständig planbar ist, ebenso wenig wie die endgültige Gestalt. Wie gehen beide zusammen? Wandert der Blick nach links, scheinen die farbigen Wirbel und Verflechtungen auf den Wänden des Tunnels zu liegen. Wandert er nach rechts, steht die Linienkomposition schwebend, in Frontalansicht im Raum. Der Verweis auf einen real existierenden Raum wird hier konterkariert durch ein gemaltes Konstrukt, das der Imagination entspringt und in erster Linie den Gesetzen von Farbe und Pinselstrich folgt, nicht denjenigen von Perspektive und Ähnlichkeit.

Welche Elemente müssen überhaupt zwingend vorhanden sein, damit ein Raumeindruck entsteht? Wie dehnbar ist dieser Raum? Lässt sich ein unendlicher Raum malen? Wie entsteht eine Wand? Wie transparent und gebrochen kann diese sein, bevor sie sich auflöst? Kann ein Innenraum zugleich ein Außenraum sein? Kann ein Raum unbestimmt bleiben? Wie sind die Räume in unseren Albträumen beschaffen? Oder himmlische Räume? In Sibylle Springers Bildern erscheint Raum als Verhandlungsmasse zwischen Realismus und Imagination. Sie verringert den Abstand zwischen bekannten Strukturen, Halt, Sicherheit, festem Boden und dem Fantastischen, dem Uferlosen der Imagination, bis beide möglicherweise einmal in eins fallen. Stück für Stück und Strich für Strich führt Springer das Bild zu Ende; bis zu dem Moment, in dem „kein Pinselstrich mehr verschoben werden muss".[4] Schon verstanden Geglaubtes wird in diesem Prozess aufs Neue befragt, Terra cognita zu Terra incognita gemacht, weiße Flecken in das Sichtfeld gezeichnet. Dabei hinterlässt sie Spuren von Gegenständlichkeit, die als solche – in ihrer Lückenhaftigkeit – endlose Assoziationsketten anstoßen können.

Regen, Nieselregen, Platzregen, Regenschauer, Rauschen, Rinnen, Tröpfeln, Prasseln, Platschen, Trommeln, …

In seinem Film *Regen* (1929) verfolgt der Dokumentarfilmer Joris Ivens, wie ein Wolkenbruch die Stadt Amsterdam verändert: Der Schauer wirkt auf das Verhalten der Menschen, die sich hastig unterstellen, Regenschirme auspacken oder tropfnass die Schultern hängen lassen. Sprachliche Bilder wie „Regenschleier", „Regenwand" oder „es regnet Bindfäden" kommen einem in den Sinn, die einerseits Intensität beschreiben, andererseits auf die Sichtbarkeit des Regens selbst hindeuten. Tropfen fallen auf Dächer, Wege und in Pfützen, formen kleine Kreise bei ihrem Aufprall. Gebäude und Gesichter verschwimmen durch den Niederschlag, er verunklart, zeichnet Konturen weich, bringt die

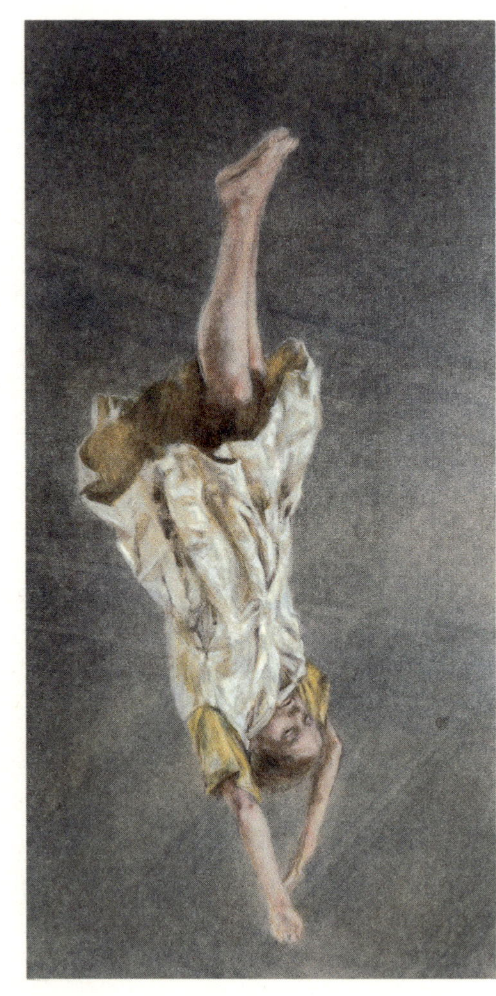

Straßen zum Glänzen. Ein immer wiederkehrendes (und im Alltag als lästig empfundenes) Naturschauspiel, das in Sibylle Springers Serie *19th Street (Rain)* (2009–2010) malerisch weitergedacht wird. Der Titel der Serie benennt einen Ort, die 19. Straße in Manhattan, ebenso wie das Phänomen des Regens. So liegt es nahe, einerseits das dynamische Strichgeflimmer der Bilder als Regen zu begreifen, andererseits nach zur titelgebenden Ortsangabe passenden Straßenzügen und Gebäuden zu suchen. Auf den ersten Blick jedoch dominieren eng gesetzte, deutlich unterscheidbare Pinselstriche, die das Zustandekommen einer geschlossenen Fläche verhindern. Die Bilder flirren, rauschen. In diesem Rauschen zeigen sich schließlich Konturen. Eine weiße Diagonale durchschneidet zum Beispiel *19th Street (Rain I)* (2009). Des Weiteren ist ein breites weißes Band im oberen Drittel zu sehen, in der Mitte unterbrochen. An verschiedenen Stellen des Bildes formen einzelne helle Linien Rundun-gen, sie erinnern an Wasserpfützen. Oben rechts ist ein Schatten erkennbar, möglicherweise sind es menschliche Umrisse. Zwei Arme, nach vorne gestreckt? Im Hintergrund ein

5 Maurice Blanchot, „The Two Versions of the Imaginary", in: Ders., *The Space of Literature*, Lincoln / London 1989 (1955), S. 262.

Kopfüber, 2004, Öl auf Leinwand, 160 x 80 cm
Upside Down, 2004, oil on canvas, 63 x 31.5 in

Fenster? Ein Helm? Zwei Beine, ein Knie angewinkelt? Trotz – oder gerade wegen – der ‚Bildstörung' lassen sich nach und nach Figuren und Formen finden und erfinden.

Sibylle Springer erreicht diese Wirkung durch ein Spiel mit dem Zeigen und Verbergen von Bildelementen: Zunächst malt sie ein realistisches Bild, ausgehend von einem Foto, das zum Beispiel auf einem von vielen Spaziergängen ungeplant entsteht und etwa die sichtbare Wirkung eines kräftigen Regenschauers festhält. Aus der Fotografie wählt Springer dann einen Ausschnitt, collagiert vielleicht mehrere Motive zu einem neuen Bild. Es folgt dessen Projektion auf Leinwand und das allmähliche ‚Übersetzen' in Acrylfarbe. Ist dieser Schritt vollendet, beginnt das Ausstreichen, das Herstellen von Lücken, Störungen, das Einzeichnen des Unbekannten, von weißen Flecken. Sibylle Springer lässt es quasi regnen, bis das Gemälde selbst vorführt, wie wir als Betrachter aus unklaren Strukturen Bedeutung gewinnen wollen – es thematisiert die Aktivität des Sehens selbst. Was im Bild potenziell erkennbar bleibt, ist zwar Ähnlichkeit (eine Figur, ein Auto, eine Straße), dabei enthält bereits deren Ausgangspunkt – die Stadt New York im Regen – Verschleierungen und Unklarheiten, welche Springer in ihrer Malerei aufgreift und weiterentwickelt, bis die weißen Flecken – die Unbekannten – das Bild wie ein Prisma brechen und wenige klare Bildelemente einer Vielzahl von möglicherweise Sichtbarem weichen.

Rauschen, Bildstörung – *White Noise*. Die flirrende Fläche bläulich-weißer Striche ist auf diesem 2010 entstandenen Bild durchbrochen von einer Klarheit, einem Orange, das aufleuchtet wie ein Fenster in der Dunkelheit. Hier zeigt sich deutlich eine Figur, deren Masse aus denselben Strichen geformt ist wie der Rest des Gemäldes. Sie besteht quasi aus Regen, aus Strichen, aus Farbe, und kann jederzeit in diese zurückfallen, heraus aus der Benennbarkeit. Was löst das Erkennen dieser Figur aus? Was liegt jenseits der Ähnlichkeit, also jenseits des Wiedererkennens von Welt? Die Begegnung mit einem Bild mag uns weniger zu einer Sache als zu uns selbst führen, wie Maurice Blanchot ausführt.[5]

[6] Ebd., S. 263.

Er schreibt weiterhin, dass ein Bild auf eine Welt ‚hinter' dieser Welt verweise, eine Verbindung dorthin unterhalte. So sei ein Bild nicht nur eine faszinierende Ähnlichkeit, sondern verweise stets auf das ‚andere' jeder Bedeutung.[6]

Springer erzeugt in ihren zwei jüngsten Serien Ähnlichkeitsmomente, in einem zweiten Schritt bringt sie sie zum Kollabieren, zum Zerbersten, scheint auf eben dieses ‚andere' jeder Bedeutung zu verweisen. Oder entsteht durch das Einzeichnen von Leerstellen erst Bedeutung? Jacques Derrida denkt in seinem Text „Die zweifache Séance" über das Weiß nach als Unterbrechung, die zwischen Worten steht, diese nicht fixiert, sondern erst ins Schwingen bringt, Raum schafft für das Entstehen von Bedeutung. Weiß: Unterschied. Leerstelle. Alle Farben zugleich. Fülle. Leere. Was entzieht sich der Sprache, dem Blick? Diese Frage bearbeiten Sibylle Springers Bilder mit jedem Strich, jedoch ohne Ende.

Kathrin Meyer, Jahrgang 1979, arbeitet als Kuratorin für die kestnergesellschaft in Hannover und mit THE OFFICE in Berlin.

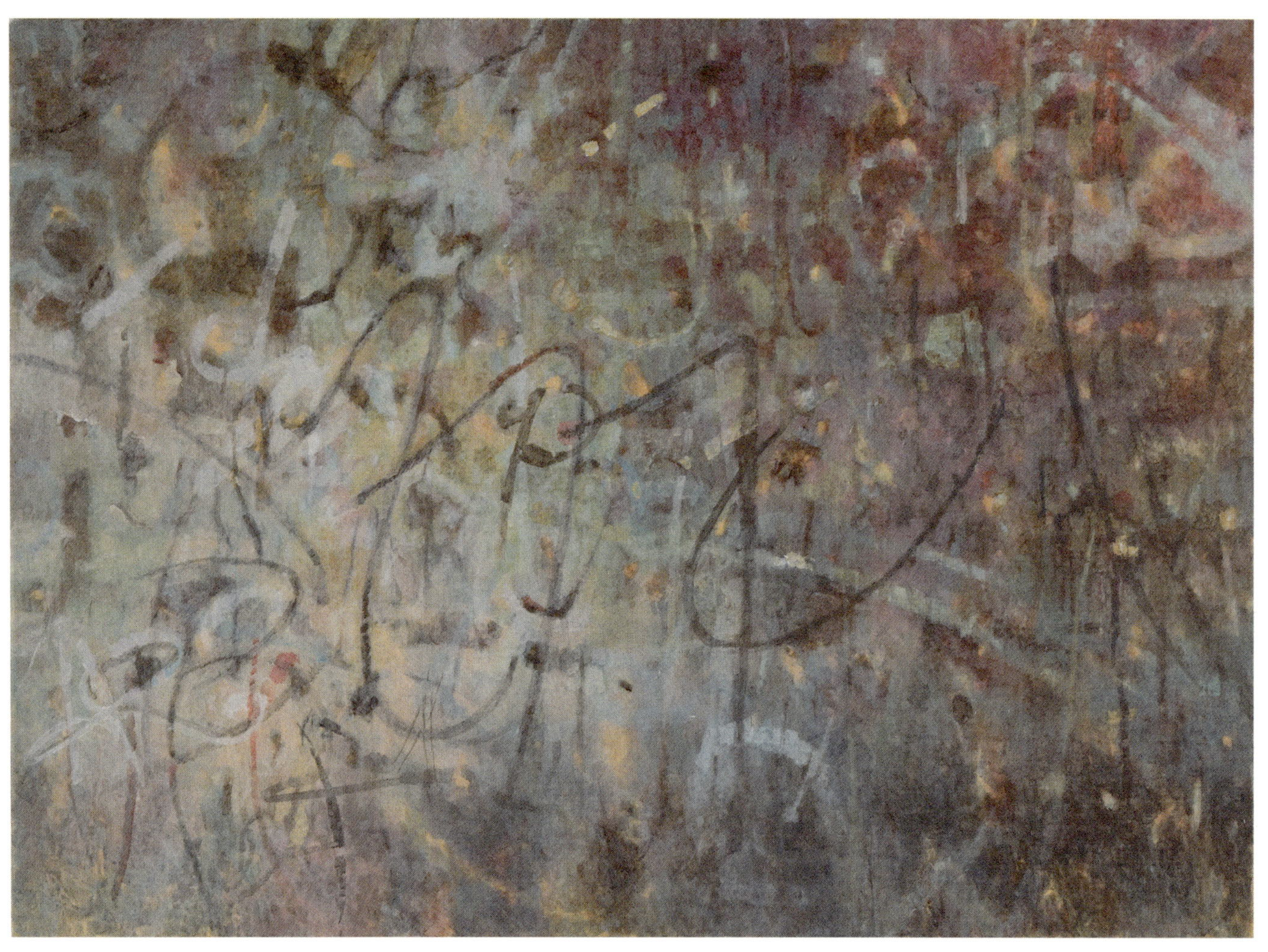

Kinky, 2009, Acryl auf Leinwand, 60 x 80 cm
Kinky, 2009, acrylic on canvas, 23.6 x 31.5 in

„Bei meiner Arbeit wende ich ein ‚barockähnliches' Prinzip an"

Wolfgang Ullrich im Gespräch mit Sibylle Springer

Wolfgang Ullrich: Wann weißt Du, dass ein Bild fertig ist?

Sibylle Springer: Wenn kein Pinselstrich mehr verschoben werden muss.

Du ‚schiebst' also viel auf dem Weg zum fertigen Bild?

Ich schiebe und puzzle, denn Bildaufbau und Farbigkeit sind zu Beginn einer Arbeit nur annähernd festgelegt. Meine Fotos und Studien weisen in die Richtung, in welche das Bild laufen soll, doch die Vorlagen müssen korrigiert, in eine Dynamik und eine Dramaturgie gelenkt werden, sobald ich mit dem Aufbau und der Zusammensetzung des Bildes beginne. Das alles passiert direkt auf der Leinwand.

Dann ist der Werkprozess bei Dir ein fortwährendes Ausprobieren, Austarieren – und Fehlersuchen?

Ja, das stimmt. Mit dem ersten Arbeitstag am Bild beginnt eine Diskussion, die so lange währt, bis es eine Lösung gibt. Über Wochen oder Monate hinweg wird dieser Disput schichtweise in der Leinwand gespeichert, sodass schließlich ein austariertes, ausdiskutiertes Ergebnis sichtbar wird – die dahinterliegende Geschichte und die Vielzahl der Gedanken aber spürbar bleiben.

Das klingt so, als wäre es für das fertige Bild gar nicht so vorteilhaft, wenn es zu ‚glatt', zu unkompliziert entsteht. Denn dann ist die dahinterliegende Geschichte ja kurz und harmlos.

Ab und an gibt es schnelle und flinke Bilder – die Sprinter. Sie sind leichtfüßiger. Ich komme aber meistens automatisch zu langwierigeren Bildern, weil mich der Blick daran länger festhält. Während der Arbeit an einem solchen Bild sind alle möglichen Geschehnisse willkommen: Das Bild kann Kapriolen schlagen, es können Fehler auftauchen und überraschende Wendungen sich anbieten. Durch meine Arbeitsmethode kann ich im Grunde jedes Bild ewig lang bearbeiten und zu einem guten Ergebnis führen. Entweder mit einer dramatischen Achterbahnfahrt als Geschichte oder aber kurz und bündig.

Geht das Tempo, mit dem ein Bild entsteht, also eher von Dir oder doch eher vom Bild aus? Schlägt es Kapriolen nur, wenn Du das auch willst, oder erweist es sich durchaus auch als eigensinnig?

Die meisten Bilder sind eigensinnig, und Ablauf sowie Entstehungstempo einer Arbeit sind nie wirklich kalkulierbar. Aber ich kann ein Bild an der ‚langen Leine‘ laufen lassen, sodass der Spielraum größer wird für Unvorhersehbares und Überraschendes. Oder ich halte es kürzer und arbeite zielgerichteter und schneller. Es ist aber für die meisten Bilder bereichernd, wenn ich mich auf ein ‚Spiel‘ mit ihnen einlasse. Vieles, was entsteht, könnte ich mir vorsätzlich nämlich nicht ausdenken. Allerdings gehört dann während des Malprozesses ein gewisses Bangen um den Ausgang eines Bildes immer wieder zum Arbeitsalltag. Die Eigensinnigkeiten, Unwägbarkeiten und ‚Fehler‘ – jede Aktion am Bild wirkt sich aber letztlich konstruktiv aus.

Aus den Eigensinnigkeiten und Fehlern entwickelt sich also oft auch erst etwas Neues? Und für das Ergebnis ist entscheidend, wie viel Risiko Du als Künstlerin eingehst? Wie genau erlebst Du beim Malen dieses Risiko?

Das ist eine zweischneidige Angelegenheit. Einerseits ist es aufregend und schön, wenn ich durch ein weiträumiges

Umkreisen meiner Bildidee zu überraschenden Ergebnissen komme, andererseits gibt es aber keine Garantie, dass sich dabei tatsächlich etwas Gutes und Neues entwickelt. Dann habe ich womöglich wochenlang gearbeitet und bin ohne Erfolg. Aber da ich jetzt ein Bild – im Gegensatz zu meiner früheren Arbeitsweise – bei Bedarf sehr lange bedenken und bearbeiten kann, beruhigt mich die Feststellung, dass ein gewisses Scheitern eigentlich nicht möglich ist, vorausgesetzt, die Grundidee einer Arbeitsserie ist tragfähig.

Was bedeutet es für Dich, dass Du meist in Serien arbeitest? Sind die einzelnen Bilder Variationen eines Themas oder eher Teile einer Gesamterzählung?

Sie sind beides. Ich variiere Bilder eines Themas, die mir besonders wichtig oder ausbaufähig erscheinen, zugleich aber beleuchten die einzelnen Arbeiten einer Serie immer einen bestimmten Aspekt der Geschichte. Manche Bilder zeigen deutlicher das Ausgangserlebnis, das mich zu der Serie veranlasst hat, andere entfernen sich weiter davon, so dass sie besser zu verstehen sind, wenn die narrativeren Bilder neben ihnen hängen. Aber jedes Bild ist autonom und kann auch ohne seine Geschwister stehen. Ich denke jedoch, im Zusammenspiel aller Bilder erscheint eine Serie facettenreicher, als es die singuläre Arbeit vermag.

Weißt Du schon im Voraus, wie umfangreich eine Serie wird – und wann weißt Du, dass eine Serie fertig ist? Muss sich das Ausgangserlebnis, von dem Du sprichst, gleichsam erschöpft haben, bevor Du mit einer neuen Serie beginnst?

Ich ahne meist recht früh, ob eine Serie umfangreich werden wird und ob sie viel Potenzial zum Ausbauen hat. Manchmal ergibt sich ein Dominoeffekt beim Arbeiten, die Bilder purzeln eins nach dem anderen und ergeben sich jeweils aus dem vorangegangenen. Dann scheint es mir, als könnte ich diesen Weg unendlich lange fortsetzen und immer neue, andersartige Bilder zu dieser einen Serie malen – als könnte ich eine sehr lange Geschichte daraus entwickeln. Ich platziere und kombiniere sie in fiktiven Ausstellungsräumen und versuche mir die noch fehlenden Arbeiten vorzustellen, um sie dann zu malen. Aber nach und nach arbeite ich mich an dem jeweiligen Thema ab, das Feld ist dann zumindest vorübergehend abgegrast und ich bekomme Lust auf Neues und Lust auf Veränderung.

Sind die fiktiven Ausstellungsräume immer dieselben? Oder je nach Serie andere? So wie Du das beschreibst, klingt das ja ähnlich wie bei einem Installationskünstler, der ebenfalls vom Raum ausgeht. Wie verhalten sich Deine Bilder denn überhaupt zum Raum?

Für die Ausstellung *Gleam* in der Kunsthalle Bremerhaven habe ich tatsächlich meine Serie auf die dortige Räumlichkeit hin erarbeitet und Bilder eigens dafür gemalt, um einen bestmöglichen Ablauf und Wechsel der Arbeiten an diesem Ort zu schaffen. Vielleicht ist die Herangehensweise wirklich einem Installationskünstler ähnlich. Die fiktiven Räume sind aber meist eine optimale Ausstellungsmöglichkeit, die ich in meiner Fantasie bestücken darf. In Realität gibt es das ja selten. Und daher benutze ich diese Vorstellung als Hilfe, um einen präzisen Ablauf meiner Bilder und die perfekte Serie zu erstellen. Den Bildern selbst ist der Raumbezug nicht anzumerken, wohl aber will ich den Übergang zwischen meinen Bildräumen und dem Raum des Betrachters elegant einfädeln. Es ist mir lieb, wenn man als Betrachter den Eindruck hat, man könne in das Bild hineinlaufen. Darum sind meine Bildgrößen auch ‚körperbezogen', die Oberfläche ist matt und nicht etwa glänzend wie bei Ölbildern, deren Oberflächen die Trennung zwischen Betrachter und Bild sichtbar und sogar spürbar machen.

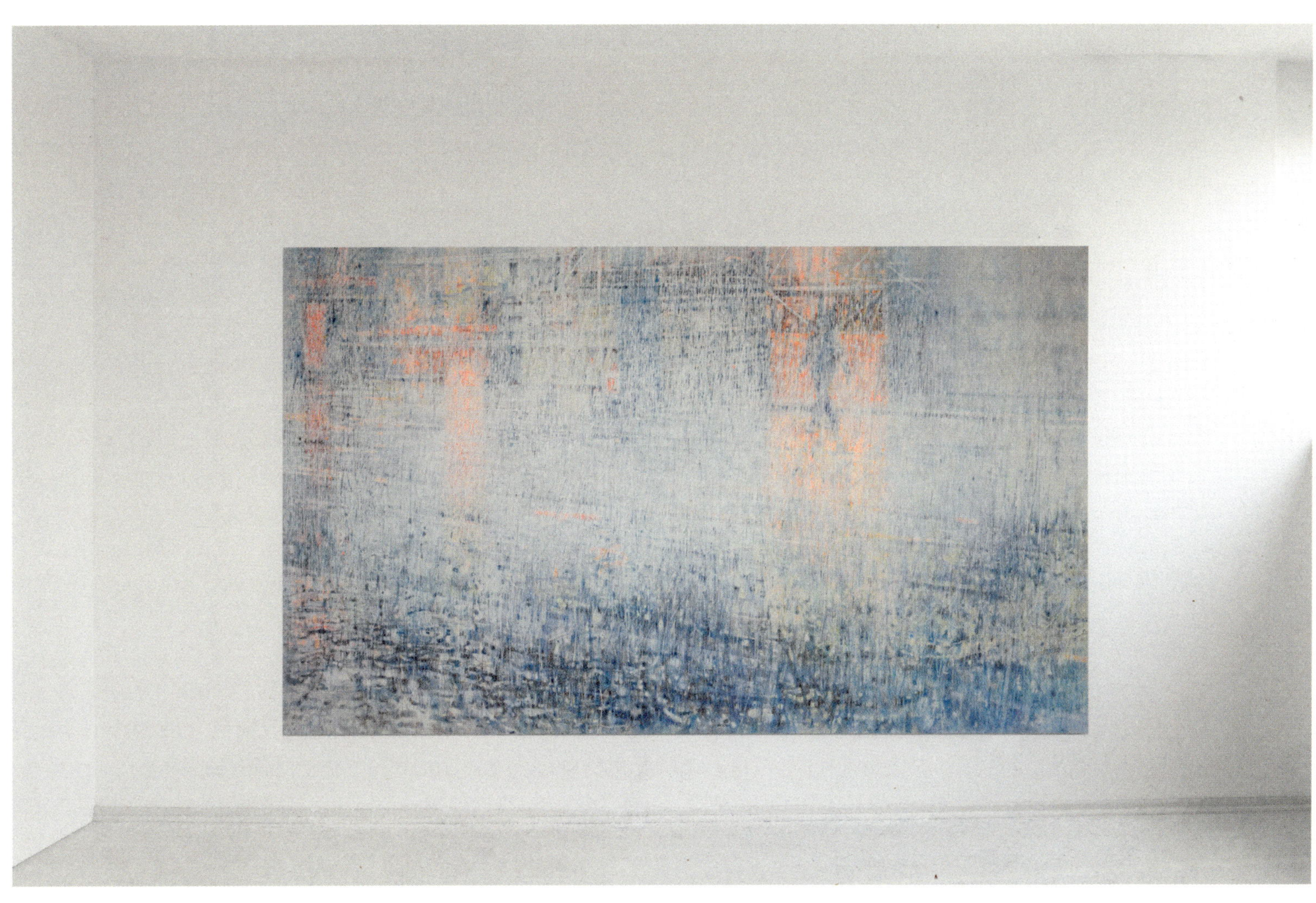

Raumansicht *White Noise*, 2010
Installation view *White Noise*, 2010

Damit stellst Du Dich ja in die Tradition der illusionistischen Malerei. Sind solche historischen Bezüge wichtig für Dich? Und zu welchen Strömungen oder Personen aus der Kunstgeschichte würdest Du selbst eine Wahlverwandtschaft für Deine Arbeit sehen?

Ich bin in einem barockliebenden Haushalt groß geworden, mit Bernini und Bach ganz vorne an der Spitze. Das spielt indirekt bestimmt eine Rolle für meine Arbeiten. Mir gefällt am Barock, dass der Betrachter oder Zuhörer gegenüber der Arbeit nicht ausgegrenzt, sondern mitgenommen wird. In Händelopern beispielsweise erfährt man als erstes einen überbordenden Klangrausch, bevor sich der Inhalt erschließt und die glasklare Komposition auch im winzigsten Detail sichtbar wird. Jeder einzelne Abschnitt ist für sich ein vollständiges Musikstückchen, und im Großen dient es dem Gesamtablauf. Mit Überschwänglichkeit und Ornamentik bringt die barocke Oper eine Geschichte zum Leben, die einem überaus streng geregelten Kompositionssystem unterliegt. In der Romantik würde das nicht auf diese Weise funktionieren und das fasziniert mich. Bei meiner eigenen Arbeit wende ich ein ‚barockähnliches‘ Prinzip an. Die Gesamtheit des Bildes ist überwuchert von Strukturen, und schließlich splittert es sich in Einzelteile, Details und Bildebenen auf. Dem Blick des Betrachters werden Fährten gelegt, denen er folgen kann und die nach und nach die dahinterliegende Geschichte – eine Verbindung zur realen Welt – zu erkennen geben.

Den Vergleich mit den Opern Händels finde ich sehr interessant! Tatsächlich wirken Deine Bilder auf den ersten Blick oft rauschhaft, entgrenzt, formlos. Aber dann sieht man, wie genau, vielschichtig, detailliert sie angelegt sind. Deshalb scheint es mir auch wichtig zu sein, sie im Original zu sehen, weil man bei Reproduktionen im Katalog nicht die Chance hat, dieses doppelte Erlebnis von Überfülle und Geordnetheit nachzuvollziehen. Du scheinst also nicht zu den Künstlern zu gehören, die ihre Bilder vor allem darauf anlegen, fotogen zu sein und in der Reproduktion zu verblüffen?

Mir wäre natürlich beides am liebsten! Aber es stimmt wohl: Meine Arbeiten zeigen und entfalten sich am besten, wenn man sie im Original sieht. Für die Reproduktion im Katalog muss eigens ein Weg gefunden werden, der dem Betrachter eine Vorstellung der Gemälde vermittelt. Ich finde das aber durchaus lohnend und setze diese Handhabung bewusst ein, um dem Bild eine Chance auf ‚Mehrfachwirkung‘ zu geben, um eine Lust zu wecken, das Bild genauer zu betrachten oder im Original sehen zu wollen. In meinen früheren Arbeiten habe ich mit einem prägnanten Vorder- und Hintergrund gearbeitet, wodurch sich das Gemälde viel schneller erschließt und in der Reproduktion besser wirkt. Aber die Verschränkung von Ebenen und die ‚Verschlüsselung‘ eines Bildes interessiert mich mittlerweile mehr.

Was meinst Du mit ‚Verschlüsselung‘? Besitzen Deine Bilder etwa geheime Botschaften? Die sich nur entschlüsseln, wenn man ganz genau auf Details achtet, die in der Reproduktion vielleicht nicht einmal sichtbar werden?

Ja schon, in manchen meiner Bilder gibt es unauffällige und verdeckte ‚Notizen‘ – Sätze zum Beispiel oder Gegenstände, die aber für die Wirkung des Bildes kaum eine Rolle spielen. Diese Notizen haben etwas mit dem Kontext zu tun, in dem ein Bild entsteht; sie bezeichnen etwas Spezielles oder liefern einen persönlichen Kommentar zu der jeweiligen Arbeit. Sie sind wie eine Randnotiz oder ein Wasserzeichen, und wer Lust hat, ein Bild lange anzusehen, wird diese Dinge auch entdecken – sowohl im Original als auch in der Reproduktion. Es funktioniert aber nur, wenn das Bild ein Geflecht hat, in dem man die Notizen verstricken kann. Mit ‚Verschlüsselung‘ meine ich unter anderem dieses Flechtwerk. Die Möglichkeit, vielfältige Informationen in ein Bild einzufügen oder gar ‚einzuschmuggeln‘ ist mir also lieber als ein Bild, das sich auf Anhieb offenlegt.

Und Du meinst, dass die Betrachter die Botschaften tatsächlich nach und nach erkennen und entschlüsseln können? Oder ist das für ein angemessenes Verständnis Deiner Bilder gar nicht so wichtig?

Nein, als Betrachter braucht man diese versteckten Notizen nicht, sie sind eher wie ein kleiner Bonus, der einen überraschen kann, wenn man ihn findet, oder etwas, das meine Herangehensweise beleuchtet. Zum Beispiel habe ich in die vorerst letzte Arbeit *Pink* aus der Graffitiserie den Satz eingefügt: „Dies ist erst der Anfang". Die versteckten Dinge haben etwas mit dem Ursprung zu tun, durch den die Bilder entstanden sind. Viele Wochen bemerkte ich beispielsweise nicht die in Tunneln verborgenen Graffiti; dabei waren sie ja immer da! Manchmal sieht man erst später etwas, obwohl es stets vor Augen liegt. Und so könnte es sich bei den verborgenen Botschaften im Bild auch verhalten.

Das lässt vermuten, dass Du Dir Betrachter wünschst, die sich Deine Bilder lange und oft anschauen. Eigentlich weniger die üblichen Ausstellungsbesucher, die an allem recht zügig vorbeigehen, sondern eher Sammler, die mit einem Bild leben und es jeden Tag wiedersehen. Oder was hast Du für Vorstellungen vom idealen Betrachter?

Ich wünsche mir einen Betrachter, der Lust hat, sich Ruhe zum Schauen zu nehmen. Aber wie kann man jemanden dazu motivieren? Wie kann man darauf Einfluss nehmen? Ich finde, das ist eine ziemlich schwierige Angelegenheit. Meine Bilder versuche ich von vornherein so anzulegen, dass sie von sich aus kommunizieren, was in ihnen zu finden ist. Auf diese Weise können sie selber den Betrachter zur Ruhe anhalten, selber die nötige Betrachtungszeit einfordern. Thomas Huber hat einmal geschrieben, dass der Künstler für die Umgangsformen seines Publikums verantwortlich sei. Ich finde, das ist ein toller Gedanke.

Aber auch ein sehr anspruchsvoller Gedanke. Er spielt ja darauf an, dass Kunst nicht ein folgenloses Vergnügen sein soll, sondern diejenigen, die sich damit beschäftigen, auch verändern – läutern, bilden, erheben, besser machen – kann. Man denkt hier nicht zuletzt an Schillers anspruchsvolle Idee einer ästhetischen Erziehung des

Menschen. Wie stehst Du zu solchen Erwartungen gegenüber der – Deiner! – Kunst?

Erst einmal möchte ich niemandem etwas aufzwingen oder abnötigen. Daher ist für mich die Form des Bildes ideal –
es lässt die Wahl, ob man hinschaut oder lieber nicht. Aber dann erwarte ich, dass der Betrachter sich auf eine Arbeit
von mir einlässt, bereit ist, in sie einzutauchen, den verschiedenen Schichten darin nachzugehen. Meine Bilder entstehen ja aus einer Erfahrung und Beobachtung, die ich gemacht habe, und diesen erlebten Zustand, diese Atmosphäre
versuche ich zu malen, damit ein Funke davon auf den Betrachter überspringt und er daran teilhaben kann. Ich ver-
stehe Kunst als Angebot für einen Dialog mit dem Werk, so wie man ein Buch liest, in die Oper geht oder auch einen
Kinofilm ansieht. Eine gute Unterhaltung kann im Idealfall die ganze Aufmerksamkeit des Rezipienten binden, kann
ihn bereichern, bilden, sensibilisieren und verändern.

Wolfgang Ullrich, Jahrgang 1967, Autor und Professor für Kunstwissenschaft und Medientheorie
an der Hochschule für Gestaltung Karlsruhe, arbeitet zur Geschichte und Kritik des Kunstbegriffs,
kunstsoziologischen Fragen und Konsumtheorie.

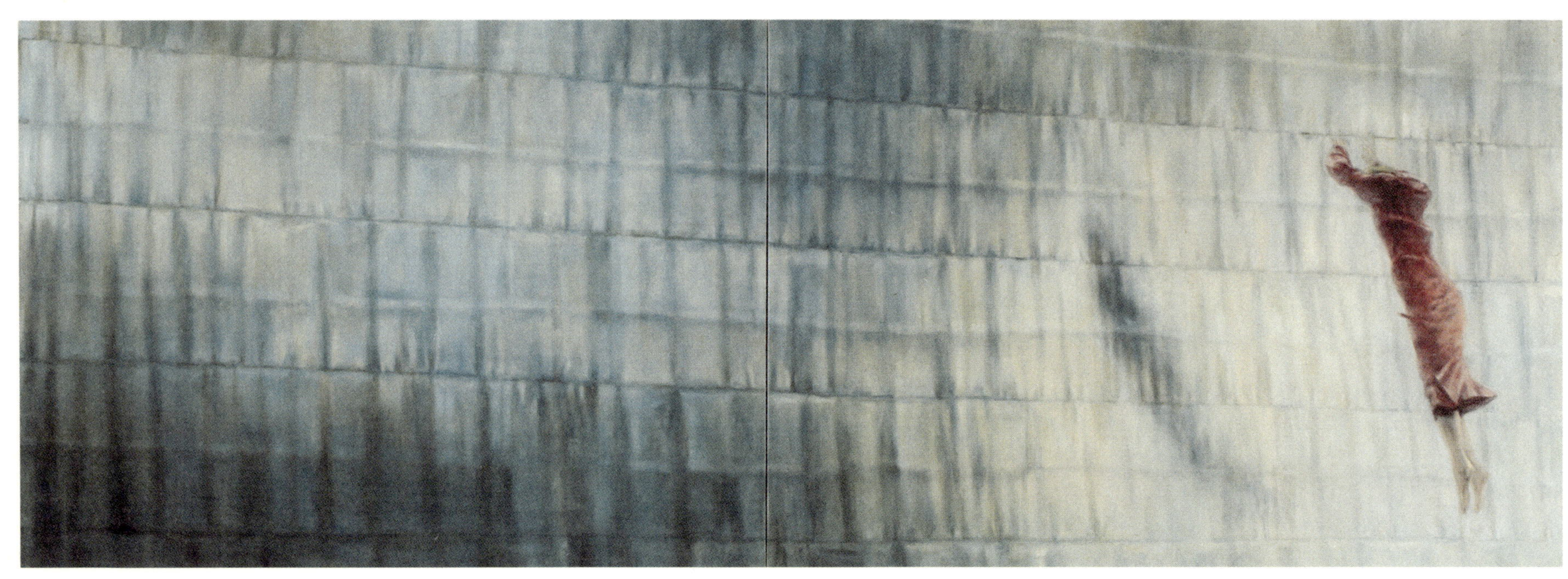

Der Raum, 2004, Öl auf Leinwand, 190 x 520 cm
The Space, 2004, oil on canvas, 74.8 x 204.7 in

Blank Spaces. Drawing in the Unknown

Kathrin Meyer

Sibylle Springer's series of paintings showing floating or falling female bodies and mysterious, dark rooms filled with nebulous lines, or, more recently, her series of rain pictures, pose questions such as: What can be seen? What are we looking at? Such questions begin with the surface of the picture, with descriptions of the brushwork, colors, forms, lines, and planes. We begin to distinguish layers of color and shapes and make our first attempts at an interpretation. Lines become parts of something. In the course of these observations the questions change and expand and are reformulated: How and why do we see something? This is because Springer's pictures are, if nothing else, about how to reveal and disguise something through painting.

Within this context, Sibylle Springer also repeatedly deals with painted space. In 2004, she made a series of paintings of female figures that appear to be rising or falling (Illus. pp. 33, 36). As they float, they pass through a more or less clearly defined space without being connected to it in any way. While what is happening remains mysterious, the elements that define spatiality and signify movement in a picture seem to become more prominent: Shading, vanishing lines, color depth, and the rendering of details—like hair or clothes blowing in the wind—indicate a direction or movement. How does a body float in space? What distinguishes it from space? How does the recognizability of one determine that of the other? While these issues are addressed in the series, it remains unclear to the end whether the women are falling or floating, whether they are in danger, or whether these are dream images. What is happening does not seem overly dramatic, and the painterly style contributes an impression of relative calm: The oil paint is meticulously mixed, the brushstrokes are not at all gestural or expressive, but are instead restrained, serving to construct the space and the figures. The bodies are rendered in a realistic way, as are the details of their surroundings. And yet blank spaces remain in the relationship between the figures and space. For instance, the way in which surrounding textures are arranged does not make any clearer—despite the richness in detail—the material qualities of these textures or their classification as exterior or interior spaces, for example, as a room or a hall. Is it possible that the painter is trying here to establish or change the lines separating abstract from representational art by using representational painting? When does a space become abstract? What does it mean if a figure is ultimately indistinguishable? If something remains that cannot be explained—that language cannot grasp?

In 2005, Springer created a very detailed and elaborate painting of a curtain. The painting spanned a length of five meters, and showed neither a beginning nor an end. What is more, the horizontal axis of the painting entitled *Vorhang II (Curtain II)* is actually the vertical axis of the cloth material, which causes us to doubt the congruence between the title and what is represented. It is difficult to reconcile the painted fragment—taken out of context, turned, and enlarged to the extreme—with our idea of a curtain. It remains mysterious, like trying to imagine what a finished puzzle will look like from just one piece. Blank spaces are used in old maps to mark unknown terrain. Is Sibylle Springer trying to create such terrain here? What is known is shot through with blank spaces and made unfamiliar through minimal omissions and additions; it is turned into a puzzle and ultimately appears as something unknown. *Vorhang II (Curtain II)* marks another step away from the figurative—toward the liberation from the dictates of resemblance, toward the integration of chance and unpredictability, toward the reformulation of the rules of pictorial representation, and toward the creation of transitions between abstraction and representation. In the series *Underground Paintings* from 2007–2009, Sibylle Springer eventually opens up the pictorial space even further to make room for unplanned developments and interpretations. She sets the picture plane in motion, and in the formal composition of forms she plays with the distance and closeness of objects and figures, which are never completely palpable.

[1] "I use a 'baroque-like' principle in my work"—A Conversation between Sibylle Springer and Wolfgang Ullrich, p. 38–48 in this catalog.

Underground Paintings

Luminous white points, circles of color, and convoluted lines cover the dark canvas. In the background, the outline of a room becomes visible, and we can distinguish a floor from a wall. We see sharp contours amidst the two-dimensional color shading while lines overlap, letting others shimmer through beneath them. The surface seems permeable; the lines seem immaterial, like light effects, or colorful billows of mist. Long exposure photographs of animated night scenes might look like this. The overall coarseness reminds us of digital images taken at dusk with a high ISO setting, in other words, high light sensitivity. Do the lines describe a form? The outline of a body? Could the lines in the background represent two eyes and a mouth—a grotesque face lurking in the dark? Or are they letters? Remains, signs, coded messages?

Sibylle Springer explained in an interview that she made this series of twelve *Underground Paintings* after visiting New York City.[1] One day, the subway slowed down in a tunnel that was lit for construction and she discovered that the walls were painted and covered in graffiti. She barely saw the graffiti before it disappeared from sight again, leaving only an afterimage in her mind. A short flash of diffuse lines. Places where only our imaginations can go. Unexplored cave paintings. The beat of colors and forms beneath the city. Secret stories of the city. Remains. Signs. Coded messages.

Titles such as *Blink, Scribble, Pink, Gloom, Colored Wall, or Kinky* may not necessarily give us clues about the location or what is happening, but the association of graffiti is still very strong when looking at the paintings in this series. First of all, the colors are very bright. Second, the paint is transparent, revealing several overlapping layers. At first glance it looks as if someone has waved a brush or a spray can over the canvas in a sweeping gesture. Sometimes the shapes of the lines remind us of tags—the signature marks of graffiti sprayers. But these visual traces wander off into nothingness, and what at first looks like a letter in the alphabet turns out to be just a cluster of brushstrokes. Perhaps it is a letter—part of a word—perhaps just a patch of color. Or it is both at the same time. On closer inspection, it quickly loses the impression of a gestural, expressive painting, or one created at high speed using spray paint. The picture's surface consists of hundreds of individual brushstrokes applied next to and over each other until they accumulate to become both picture plane and form. Sibylle Springer does not start out with a clearly defined idea of how the finished picture should look. The experiment in form and color evolves in individual steps that lead to a result both unpredictable and unplanned down to the smallest detail. It is characterized by improvisation and experimentation with an unsure outcome, by "manipulated chance"[2] and the integration of "accidents", as Francis Bacon's working method has been described. Sibylle Springer constructs her pictures in a relatively complicated process, the acrylic paint allowing her to apply layer upon translucent layer almost infinitely. Unlike oil paint, acrylic paint does not create a thick, impenetrable surface, but rather one that remains relatively transparent in spite of many layers. This allows the background and foreground to blend; the color contrasts and the effects of light and dark create transitions between spatial depth and two-dimensionality, between recognizable form and an indecipherable vortex. In the painting *Pink* (2009), for example, we can observe how broad patches of color also allow the underlying structures to shine through, letting the picture look like a palimpsest, a surface that has been written on many times. The pictures incorporate something floating, indefinable, and unreal; they cannot be read easily and teasingly refuse to be defined. They set the eye in motion, keep it moving, and are in motion themselves.

Lighter, more distinct lines are drawn diagonally through several pictures in the series. In *Gloom* (2008), for example, a grid-like structure—a meticulously constructed, only barely visible foreshortened space—seemingly appears beneath the firework of lines. While looking, the eye passes back and forth between this static and stabilizing spatial structure,

[2] "Chance, according to Bacon, is inseparable from a possibility of utilization. It is *manipulated chance,* as opposed to *conceived or seen probabilities*" (italics in original). Francis Bacon, quoted in: Gilles Deleuze, *Francis Bacon: The Logic of Sensation* (New York 2003), p. 94.

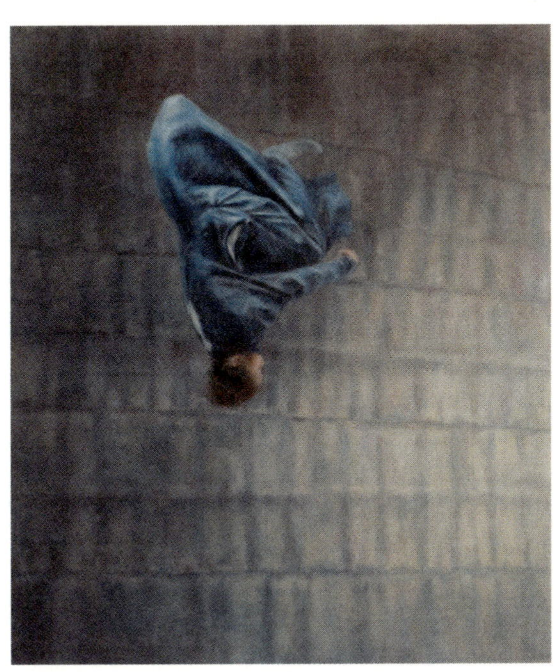

Gedreht, 2004, Öl auf Leinwand, 190 x 150 cm
Turned Around, 2004, oil on canvas, 74.8 x 59.1 in

which is reminiscent of a tunnel, for example, and the dynamic, graffiti-like formations of lines dominate the picture. The gridlike structure contrasts starkly with the amorphous weavings; it is laid out according to set rules and oriented towards a vanishing point—the results of the work steps are predictable—while the weavings anarchically reach out to occupy the picture plane. Like their final shape, their form and composition develop in a process that cannot be fully planned. How do these two go together? If we turn our gaze to the left, the colorful vortex and weavings seem to be located on the walls of the tunnel. If we turn our gaze to the right, the composition of lines floats, in frontal view, in space. The reference to a real space is thus contradicted by a painted construct that originates from the imagination and, first and foremost, obeys the laws of color and brushstrokes, not those of foreshortening and representation.

What elements are needed to create the impression of spatial depth? How far can this space be stretched? Can infinite space be painted? How does a wall emerge? How transparent and fractured can the wall be before dissolving? Can an interior space be an exterior space at the same time? Can space

3 "I use a 'baroque-like' principle in my work"—A Conversation between Sibylle Springer and Wolfgang Ullrich, p. 38–48 in this catalog (see footnote 1).

remain undefined? What are the spaces in our nightmares like? What about heavenly spaces? In Sibylle Springer's paintings, space is a matter of negotiation between realism and imagination. She narrows the distance separating familiar structures, support, security, and solid ground from fantasy and limitless imagination, letting them come closer until both sides might possibly merge. Bit by bit and stroke by stroke, Springer carries the picture through until there are "no longer any brushstrokes that need to be moved."[3] Things we thought we already understood are questioned again in this process—terra cognita becomes terra incognita, and blank spaces are drawn in our field of vision. Within this process, she leaves traces of representation, which in turn can initiate endless chains of associations through their incompleteness.

Rain, Drizzle, Downpour, Rain Shower, Water Rush, Flow, Drip, Patter, Splash, Drum…

In the film *Regen* (Rain) (1929), the documentary filmmaker Joris Ivens shows what happens when rain suddenly falls on the city of Amsterdam. The downpour changes people's behavior—they run for cover, take out umbrellas, or slump forward with their shoulders soaking wet. Metaphors like "a curtain of rain," "a wall of rain," or "it's raining cats and dogs" come to mind. On the one hand these expressions describe the intensity of rain, on the other hand they point to its very quality of being visible. Drops hit roofs, roads, and puddles, forming little circles on impact. Buildings and faces become blurred in the precipitation; it obscures things, softens outlines, and makes streets shiny. It is this kind of recurring natural spectacle (which is mostly annoying in daily life) that Sibylle Springer's paintings explore in the series *19th Street (Rain)* (2009–2010). The title of the series indicates a place, 19th Street in Manhattan, and also mentions rain. An obvious interpretation is thus to read the dynamic flickering of lines as rain while also looking for the street or buildings that fit the location in the title. But at first glance, we notice the narrow, clearly distinguished brushstrokes that dominate and prevent the formation of a closed picture plane. The pictures shimmer as if they were white noise. Within this white noise, outlines eventually become visible. A white diagonal line cuts through *19th Street (Rain I)* (2009), for instance, and a broad white band, broken in the middle, can be seen in the top third of the painting. In different parts of the picture, single pale lines form circular shapes that are reminiscent of puddles. A shadow is visible in the upper right corner, possibly a human shape. Two arms stretched out in front? A window in the background? A helmet? Two legs, a bent knee. Despite—or maybe because of—the "interference" we are able to discern and invent figures and forms bit by bit.

Sibylle Springer achieves this effect by playing with visible and hidden pictorial elements. At first she paints a realistic picture based on a photograph taken spontaneously on one of her many walks and which captures the visible effects of a heavy downpour, for example. Then she chooses a detail or section of the photograph, sometimes creating a new picture in a collage of several motifs. She then projects this onto a canvas and gradually "translates" it into acrylic paint. When this step is completed, she begins to erase, to create gaps and irritations, to draw in the unknown, the blank spaces. Sibylle Springer lets it rain, so to say, until the painting itself shows how we as beholders try to extract meaning from unclear structures, thus turning the activity of seeing into a theme. What remains potentially discernable in the picture may be a resemblance (a figure, a car, a street), but its point of origin—the city of New York in the rain—is also veiled and ambiguous. Springer uses this effect in her painting and develops this further until the blank spaces—the unknown—split the picture like a prism, and a few clearly defined pictorial elements give way to the broad spectrum of what is potentially visible.

Interference—*White Noise.* In this painting from 2010, the shimmering picture plane of bluish-white strokes is interrupted by a clarity—an orange that lights up like a window in the dark. In it, a figure is clearly visible, formed by the same strokes as the rest of the painting. It seems to be made of rain, lines, and color, and it can slip back into these at any time and become no longer identifiable. What is it that allows us to recognize the figure? What lies beyond resemblance, beyond the recognition of the world? The encounter with an image is less likely to lead us to a certain subject matter and more to oursel-ves, as Maurice Blanchot explains.[4] He also writes that an image refers to, and has a connection with a world "behind" this world. Thus, an image not only has a fascinating resemblance, but always refers to this "other" of every meaning.[5]

In her two most recent series, Springer creates moments of resemblance only to deconstruct and to destroy them again,

[4] Maurice Blanchot, "The Two Versions of the Imaginary," in *The Space of Literature* (Lincoln: University of Nebraska Press, 1982), p. 262.

[5] Ibid., p. 263

Ohne Titel (Fallende), 2004, Öl auf Leinwand, 140 x 115 cm
Untitled (Falling), 2004, oil on canvas, 55.1 x 45.3 in

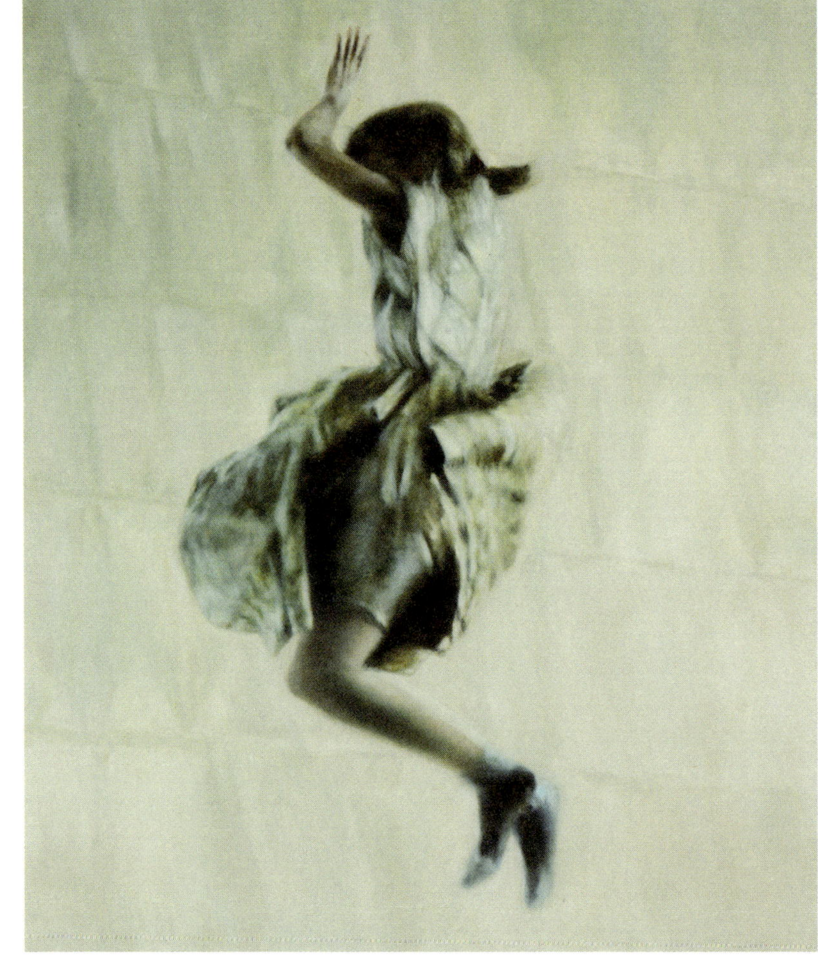

thereby seeming to refer to this "other" of every meaning. Or is it the drawing in of blank spaces that creates meaning? In his text *"La double séance,"* Jacques Derrida reflects on white as an interruption between words. Instead of fixating them, it is what makes them resonate in the first place, thereby creating room for the development of meaning. White equals difference, blank space, all colors at the same time. Abundance. Emptiness. What eludes language, what eludes the gaze? Sibylle Springer's pictures explore these questions with every brushstroke, yet without end.

Kathrin Meyer was born in 1979. She works as a curator for kestnergesellschaft
in Hanover and THE OFFICE in Berlin.

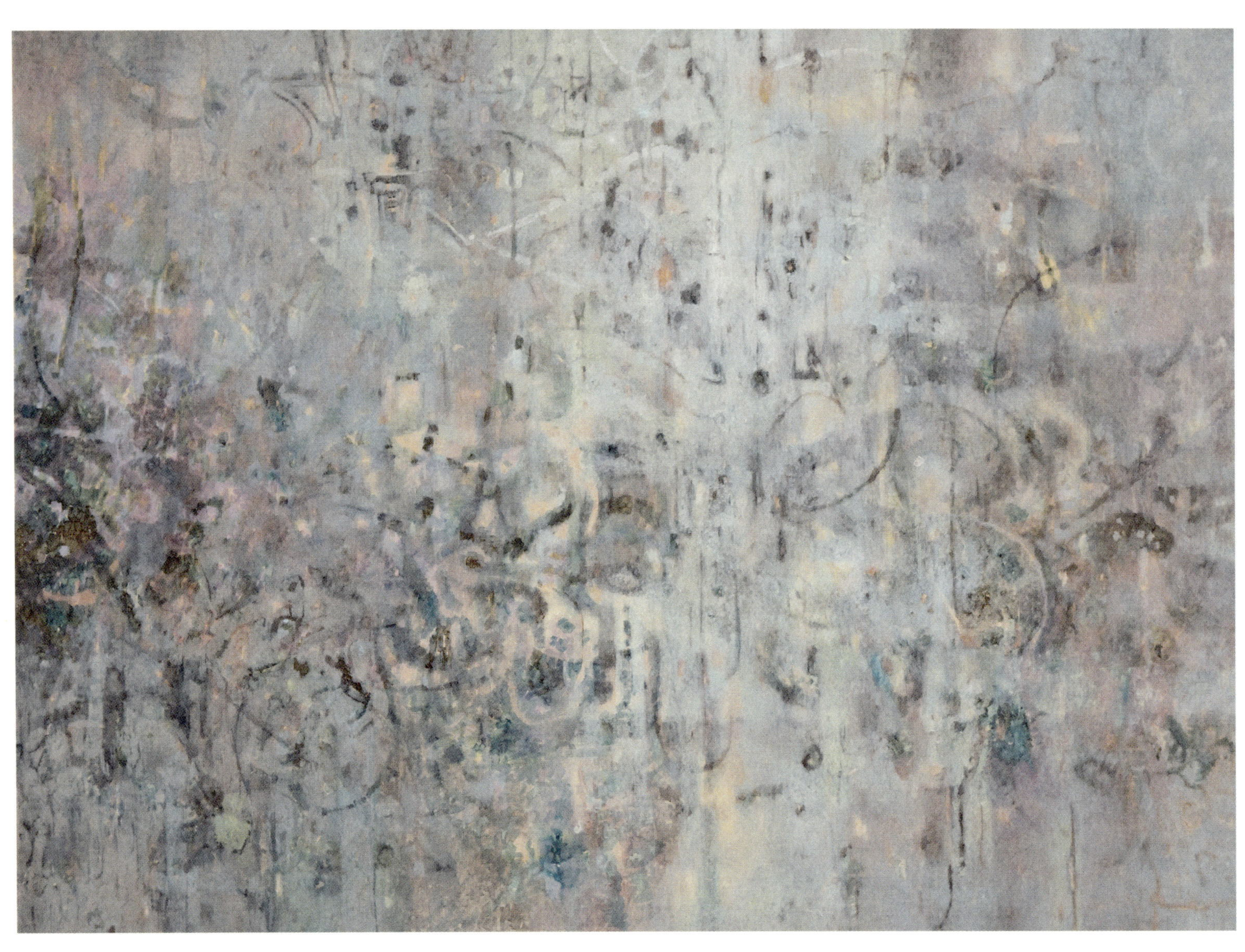

Bright Wall, 2009, Acryl auf Leinwand, 90 x 120 cm
Bright Wall, acrylic on canvas, 35.4 x 47.2 in

"I use a 'baroque-like' principle in my work"

A Conversation between Wolfgang Ullrich and Sibylle Springer

Wolfgang Ullrich: How do you know if a picture is finished?

Sibylle Springer: If there are no longer any brushstrokes that need to be moved.

Do you "move" things around a lot to finish a picture?

I move things and fiddle with them because I only roughly define the pictorial structure and colors when I begin an artwork. My photographs and sketches set the stage for how a picture will develop, but these models need to be corrected and directed toward a certain dynamic and dramaturgy when I begin structuring and composing the picture. All this happens directly on the canvas.

So your working process is based on continuously trying things out, balancing things against each other—and looking for mistakes?

Yes, that is right. On the very first day that I begin working on a picture, a discussion is initiated that lasts until a solution is found. This dispute is then incorporated in layers on the canvas over weeks or months until finally a delicately balanced, well thought-out result becomes visible—while the story and multitude of thoughts behind it remain palpable.

This sounds as if it would actually not be a good thing for the finished picture if its development were too "smooth," too uncomplicated. Because then the narrative behind it would be brief and harmless.

Once in a while I make paintings that are fast and swift—these are the sprinters. They are quicker on their feet. But mostly I automatically end up with pictures that require a longer period of time, because visually these tend to grab my attention more. While working on such pictures, any event is welcome: the picture is allowed to play tricks on me, mistakes can occur, and surprising turns can present themselves. Thanks to my working method I am basically able work on a picture for an extremely long time and still produce a good result—either with a story that is a dramatic roller-coaster ride, or one that is short and concise.

Do you set the speed with which a picture is created or does the picture do that? Does it only play tricks on you when you want it to, or does it also eventually take on a mind of its own?

Most pictures have a mind of their own, and I can never really calculate in what way and how fast a work will be created. But I can let a picture run a little wild on a long leash, so to say, to increase the chance of something happening that is unexpected and surprising. Or, I can keep it on a short leash and work with more focus and speed. But, for most of the pictures it is more enriching if I let myself get caught up in a kind of game with them, because I could not have intentionally conceived what eventually evolves. However, this means that, during the painting process, a certain amount of trepidation about the resulting picture—the waywardness, the unpredictability, and the "mistakes"—is very often part of my everyday work, but everything I do with the picture turns out to be constructive in the end.

Does this mean that something new also often develops out of the waywardness and the mistakes? And does it also mean that the amount of risk you are willing to take as an artist is decisive for the result? How exactly do you experience this risk while painting?

It is a double-edged sword. On the one hand, it is exciting and beautiful when I achieve surprising results by approaching my pictorial idea in a roundabout way. On the other hand, there is no guarantee that something good and new will actually emerge. It is possible that I will not have any success after weeks of work. But, unlike in my earlier working process, I can now spend a long time thinking through and working on a picture if necessary. I find it reassuring to have realized that failure is, in principle, actually impossible, as long as the basic idea of a series of works is sustainable.

What does it mean for you to mostly work with series? Are the individual pictures variations on a theme, or are they parts of an overall narrative?

They are both. I make paintings that are variations on a theme—and I think they are especially important, or can be explored further. But at the same time the individual works in a series always shed light on a certain aspect of the narrative. Some pictures are better at revealing the initial experience that prompted me to do the series, while others are more distant from it, meaning they become more understandable when the narrative pictures are placed next to them. But each picture is autonomous and can stand on its own without its "siblings." Still, I think that the interaction between all of the pictures together is what makes a series richer than a singular work.

Do you know beforehand how large a series is going to be, and when do you know if a series is finished? Does the initial experience you mentioned here need to be exhausted, so to say, before you start a new series?

Most of the time I can sense rather early on whether a series is going to be large or whether or not it has a lot of potential. Sometimes a domino effect occurs when I work and the pictures come tumbling one by one, each logically following the other. Then it seems as if I could continue in this way indefinitely and keep painting new and different pictures for the series—as if I could develop a very long narrative out of it. I place and combine the pictures in fictive exhibition spaces and then try to imagine the "missing" works in order to paint them. Bit by bit, I work through each theme until it is exhausted, at least for the time being, and I become interested in doing something new and different.

Are the fictive exhibition spaces always the same, or do they vary according to the series? The way you describe this sounds similar to how installation artists work with a particular space. What is the relationship between your pictures and the space around them?

I actually designed the series for my exhibit Gleam in the Kunsthalle Bremerhaven based on the spatial situation there. I painted the pictures with this space in mind—in order to allow the best possible succession and alternation of the works in this location. Maybe this approach is similar to that of an installation artist, but my fictive spaces are usually rather ideal exhibition possibilities, which I am then able to fill in my imagination. In reality, these spaces are rather rare, as we know. And that is why I use imagination as a support to find a precise order of my paintings and the "perfect" series. Although the pictures themselves do not reveal this spatial relation, my intention is to elegantly initiate a transition between my pictorial spaces and the space of the viewers. I want the audience to feel as if they could walk right into the picture. That is why the size of my pictures is "body-related" and the surface is matt and not shiny like oil paintings, whose surface makes the separation between the viewers and the picture visible and even palpable.

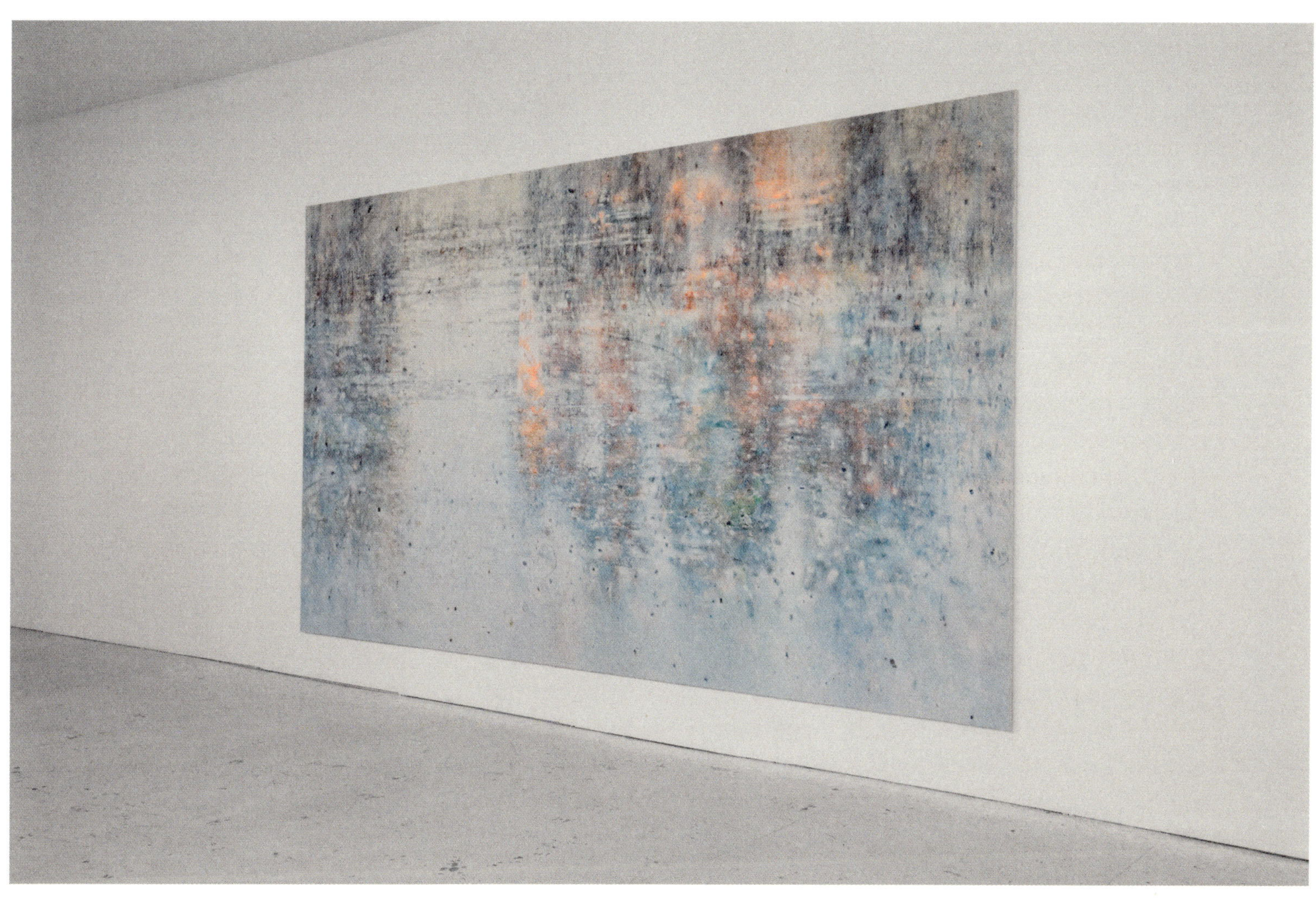

Raumansicht *Black Spot*, 2011
Installation view *Black Spot*, 2011

This sounds as if you position yourself in the tradition of illusionistic painting. Are such historical references important for you? Which movements or figures in art history do you feel you have an elective affinity to when it comes to your work?

I grew up in a household of people who were extremely fond of Baroque—Bernini and Bach were favorites. That definitely plays an indirect role in my artworks. What I like about Baroque is that the viewers, or listeners, are not excluded from the work, but instead are taken along for the ride. In Handel's operas, for instance, you experience an exuberant ecstasy of sound before the content is revealed and the crystal-clear composition becomes perceptible down to the smallest detail. Each individual part is in itself a small, complete musical piece and serves as a part of the entire order. Through exuberance and ornamentation, a Baroque opera can evoke a narrative that also adheres to a strictly structured system of composition. This could not work in the same way in Romanticism, and that fascinates me. In my own work I use a "Baroque-like" principle. The picture becomes entirely overgrown with structures and ultimately splits into separate parts, details, and pictorial planes. Tracks are laid for the viewer to follow, and bit by bit these lead toward the underlying narrative—toward a connection to the real world.

I find this comparison to Handel's operas extremely interesting. Your pictures seem indeed to be ecstatic at first glance—beyond borders and form. But then you realize how exact, multilayered, and detailed their composition is. That is why I think it is really important to see the originals, because reproductions in a catalogue hardly allow viewers to comprehend this double-edged experience of exuberance and order. Does this mean you are not one of those artists who design their pictures to be photogenic and dazzling as reproductions?

Ideally I would like both! But that is true—my works show the most and are able to realize their potential best when they are seen in the original. For them to be reproduced in a catalogue, a special way has to be found to convey an impression of the paintings to viewers. But I find that absolutely gratifying, and I deliberately use this method to give the picture a chance to be "multi-effective"—to arouse the viewer's desire to look at the picture more closely or to see the original. In my earlier artworks, I used to work with concise foregrounds and backgrounds, which made the paintings easier and quicker to read, and they also worked better as reproductions. But now I am more interested in how different levels interlock and how a picture is "encoded."

What do you mean by "encoded"? Do your pictures actually hold secret messages? Ones that can only be revealed if we pay extremely close attention to details that are perhaps even invisible when the picture is reproduced?

Yes, in some of my pictures there are inconspicuous, hidden "notes"—sentences, for example, or objects that do not really play a role in the picture's appearance. These notes have something to do with the context in which the painting was created; they refer to something particular, or they are a personal commentary on the respective artwork. They are like marginal notes, or a watermark, and whoever chooses to look at a picture long enough is going to discover these things—in the original and also in the reproduction. But this only works if the painting has a kind of woven structure in which these notes can become entangled. "Encoding" therefore refers to this woven structure, among other things. I would rather have a picture into which I can integrate, or even "smuggle," different kinds of information than a picture that is easy to read in just one look.

And do you think that the viewers are really able to identify and decode the messages bit by bit? Or is that not even very important for understanding your pictures adequately?

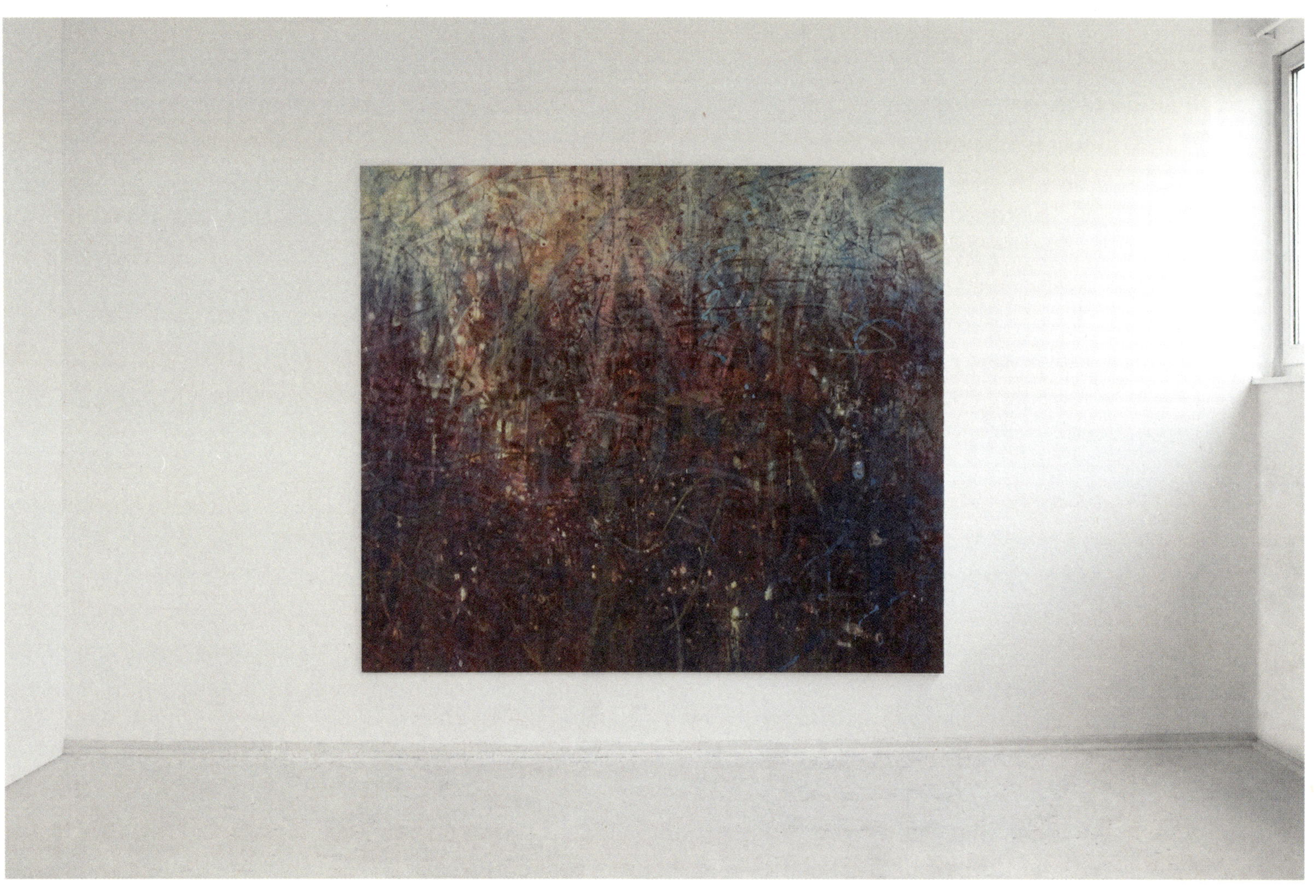

Raumansicht *Colored Wall*, 2009
Installation view *Colored Wall*, 2009

Viewers do not need those hidden notes. Rather they are a little bonus that comes as a surprise when they are discovered, or they are something that refers back to my approach. For example, in my latest work Pink from the graffiti series, I added the sentence: *"Dies ist erst der Anfang"* (This is only the beginning). These hidden things have something to do with the pictures' origins. I did not notice the graffiti hidden in the tunnels for weeks, but it had been there the whole time! Sometimes you see something much later, although it has been right in front of your eyes all along. And that could also be the case for the hidden messages in the picture.

This sounds like you hope viewers will look at your pictures long and often. But this is more the case for collectors who live with a painting and see it daily than for the average gallery visitor who passes by rather quickly. What is your notion of the ideal viewer?

I would like a viewer who is interested in taking his or her time and in looking in peace. But how can you motivate someone to do this? How can you influence this? This is a rather difficult issue in my opinion. I try to design my pictures in such a way that they convey from the start that there is something to be discovered in them. They can make viewers pause and demand the time they need to be viewed. Thomas Huber once wrote that the artist is responsible for the behavior of his or her audience. I find this a great idea.

But it is also a very demanding idea. It refers to the idea that art is not just entertainment without any consequences, but it is also able to change—reform, educate, elevate, improve—the people who let themselves become involved. Schiller's demanding idea of the aesthetic education of humankind comes to mind here. What do you think of such expectations about art—including yours?

First of all, I do not want to force anything on anyone or to extort anything from them. That is why a picture is the ideal medium for me—it lets you choose to look at it or not. On the other hand, I do expect viewers who are willing to engage with my work to also be willing to delve into it, to explore the different layers in it. My pictures evolve out of an experience and an observation, and this experienced situation—this atmosphere—is what I am trying to paint. I want a spark to jump over to viewers so they can participate. For me, art is about the viewers being offered the chance to enter into a dialogue with the artwork, like reading a book, going to the opera, or watching a movie in the cinema. Good entertainment is ideally capable of grabbing the recipients' full attention and enriching them, educating them, raising their awareness, and changing them.

Wolfgang Ullrich was born in 1967. He is a writer and a professor of art and media theory
at the Karlsruhe University of Arts and Design. His main interests include the history and criticism
of the concept of art, the sociology of art, and consumer theory.

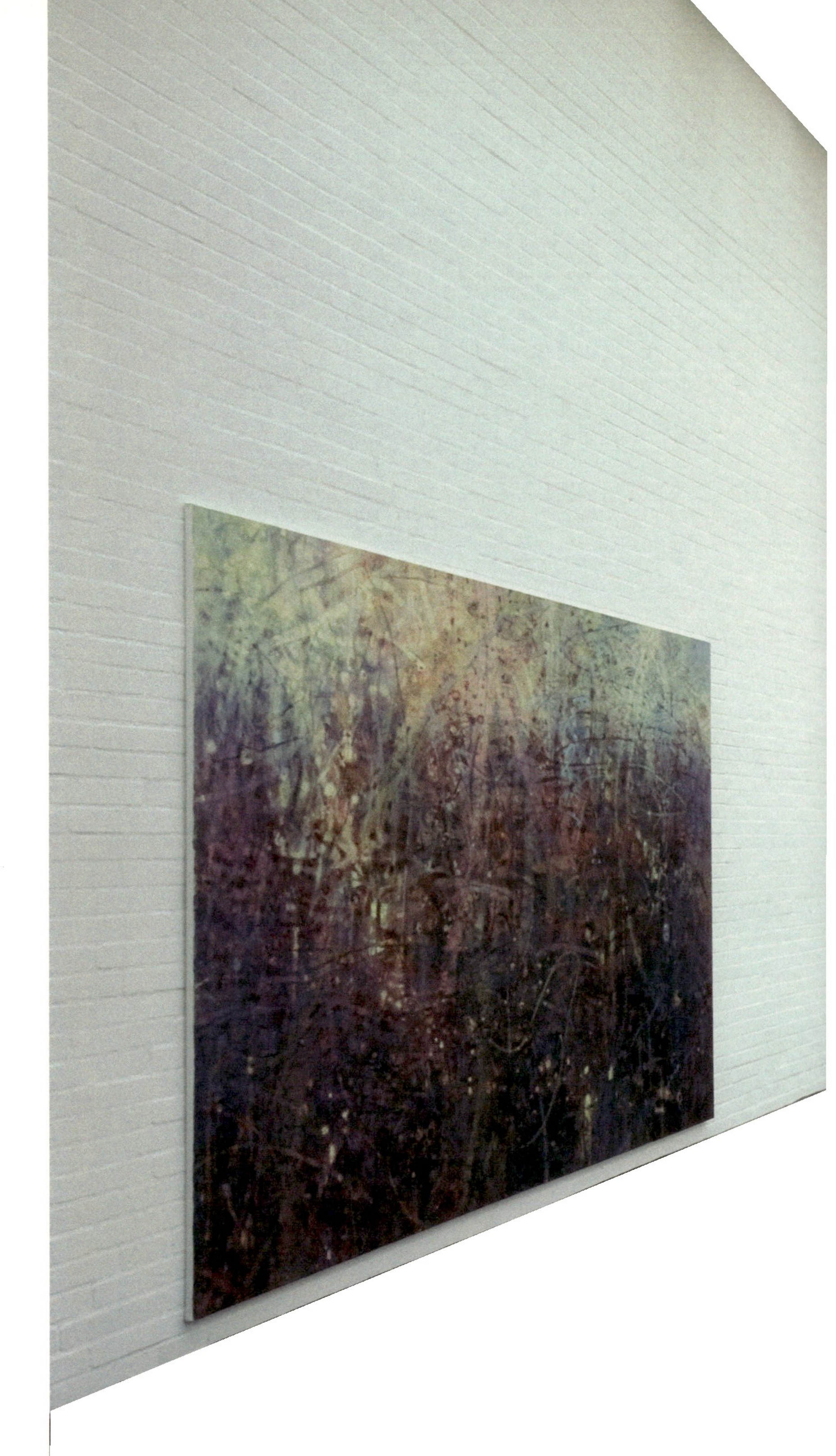

Ausstellungsansicht *Gleam*, Kunsthalle Bremerhaven, 2009
Installation view *Gleam*, Kunsthalle Bremerhaven, 2009

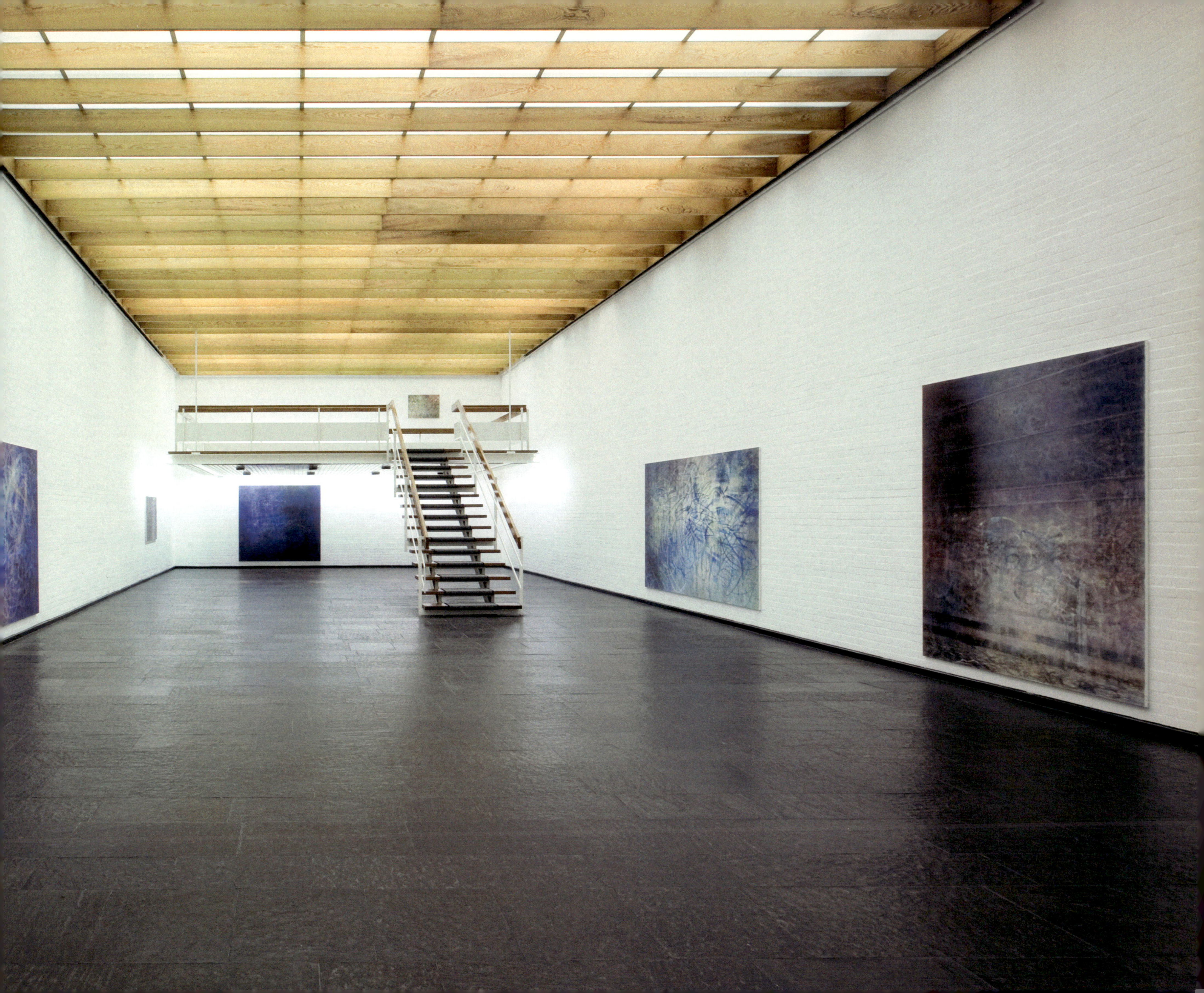

Folgende Seite *Pink*, Ausschnitt in Originalgröße
The following page *Pink*, detail in original size

Looming Signs 2007–2010

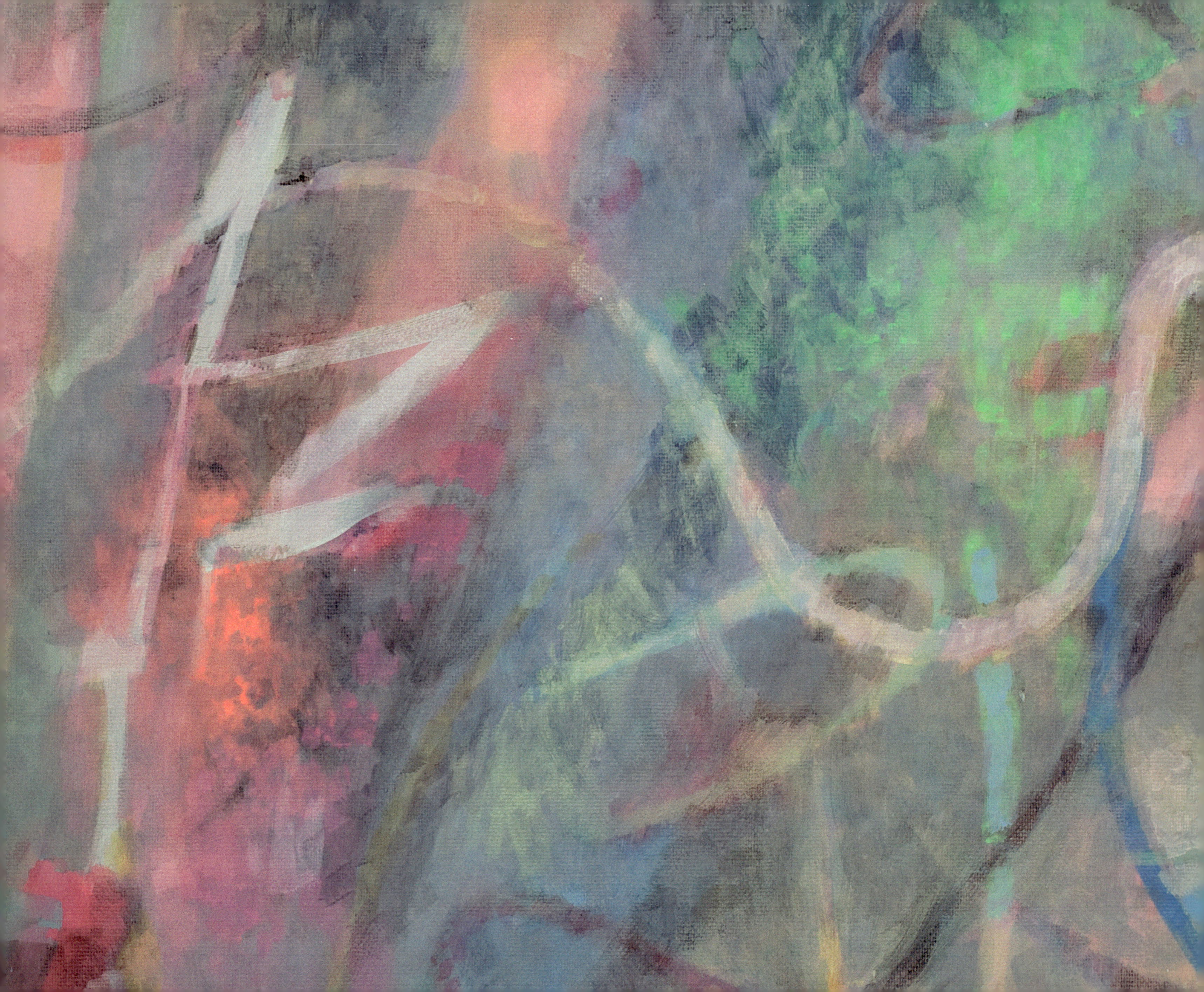

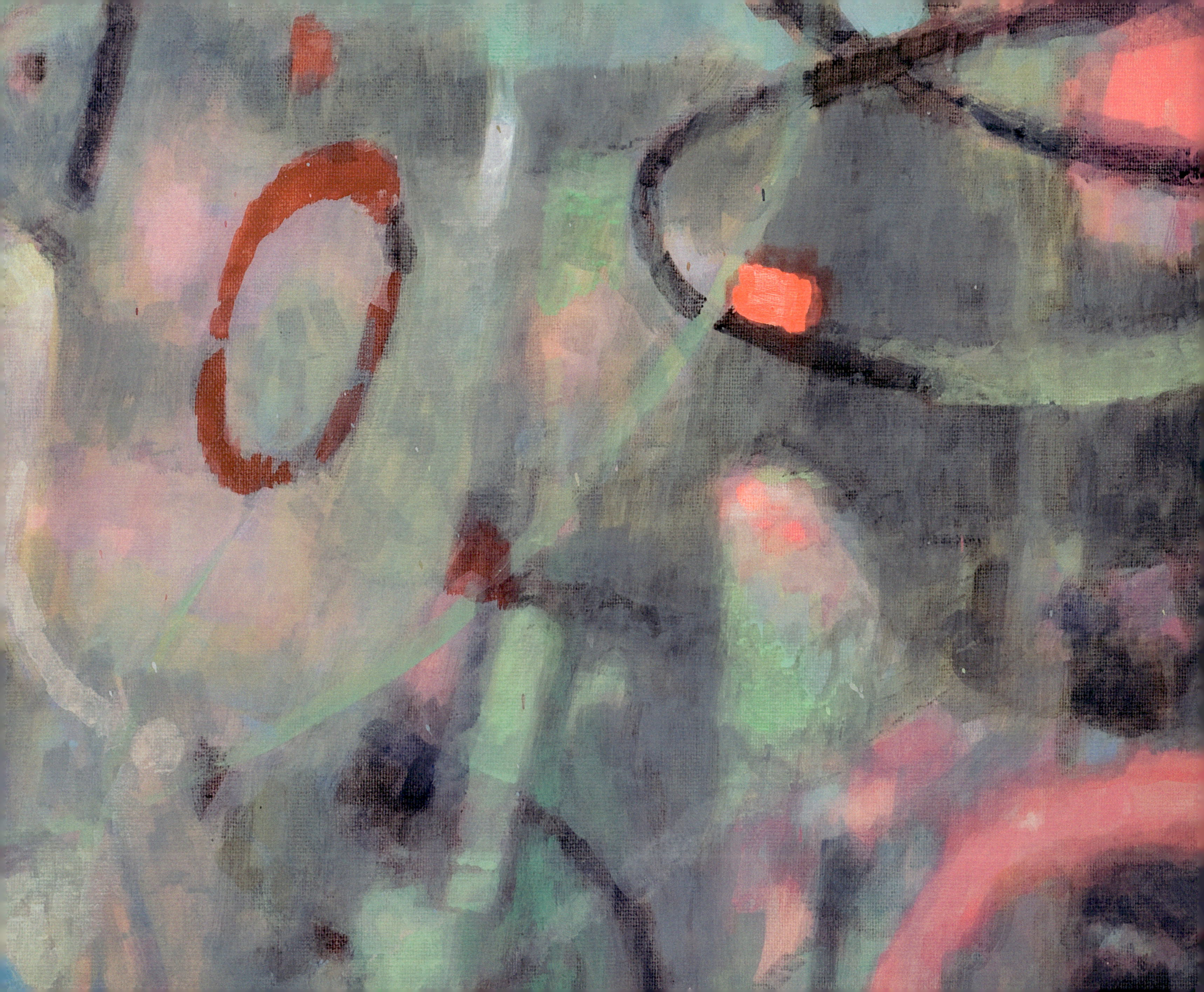

Blink, 2008, Acryl auf Leinwand, 190 x 220 cm
Blink, 2008, acrylic on canvas, 74.8 x 86.6 in

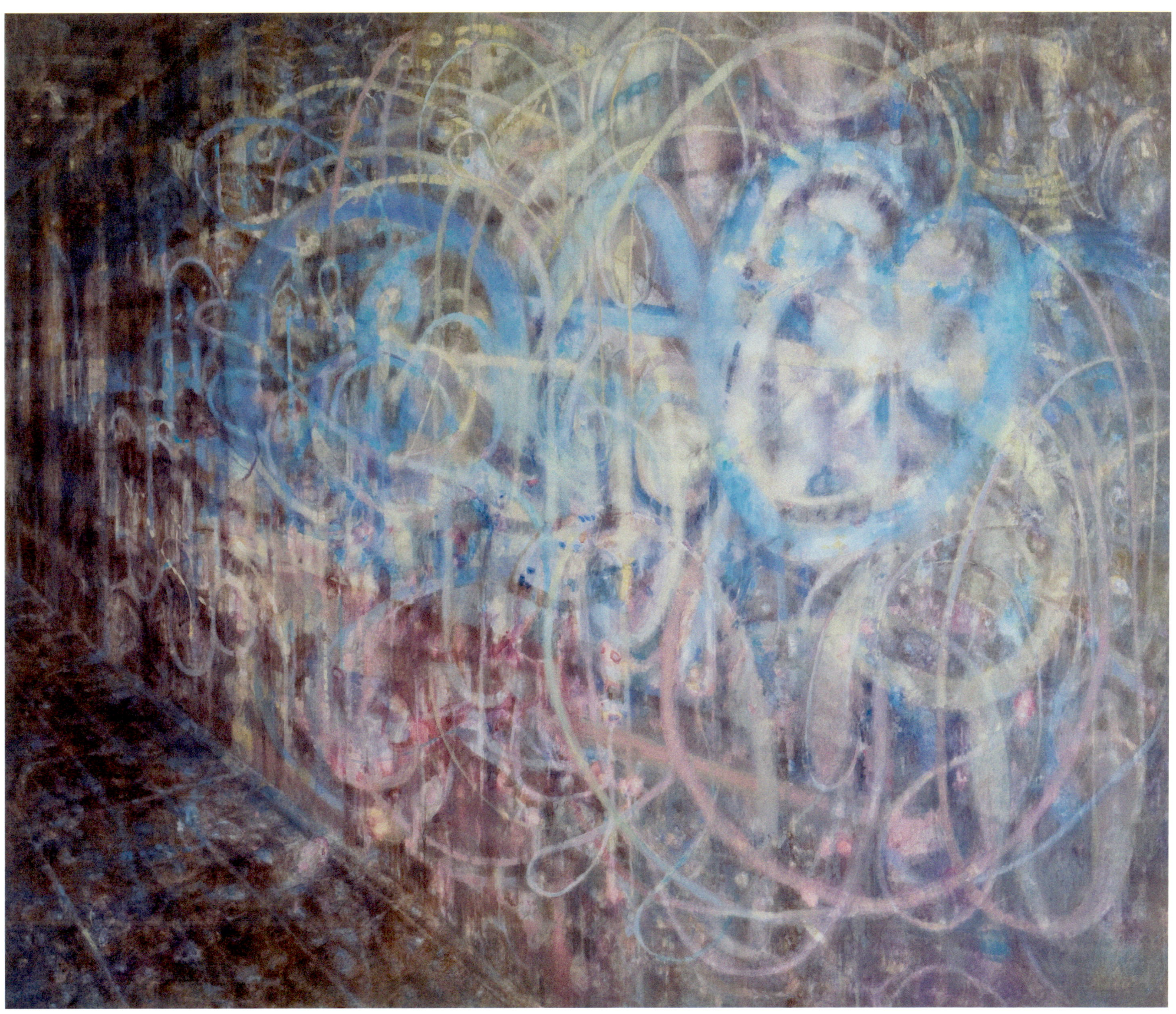

Scribble, 2009, Acryl auf Leinwand, 180 x 290 cm
Scribble, 2009, acrylic on canvas, 70.9 x 114.2 in

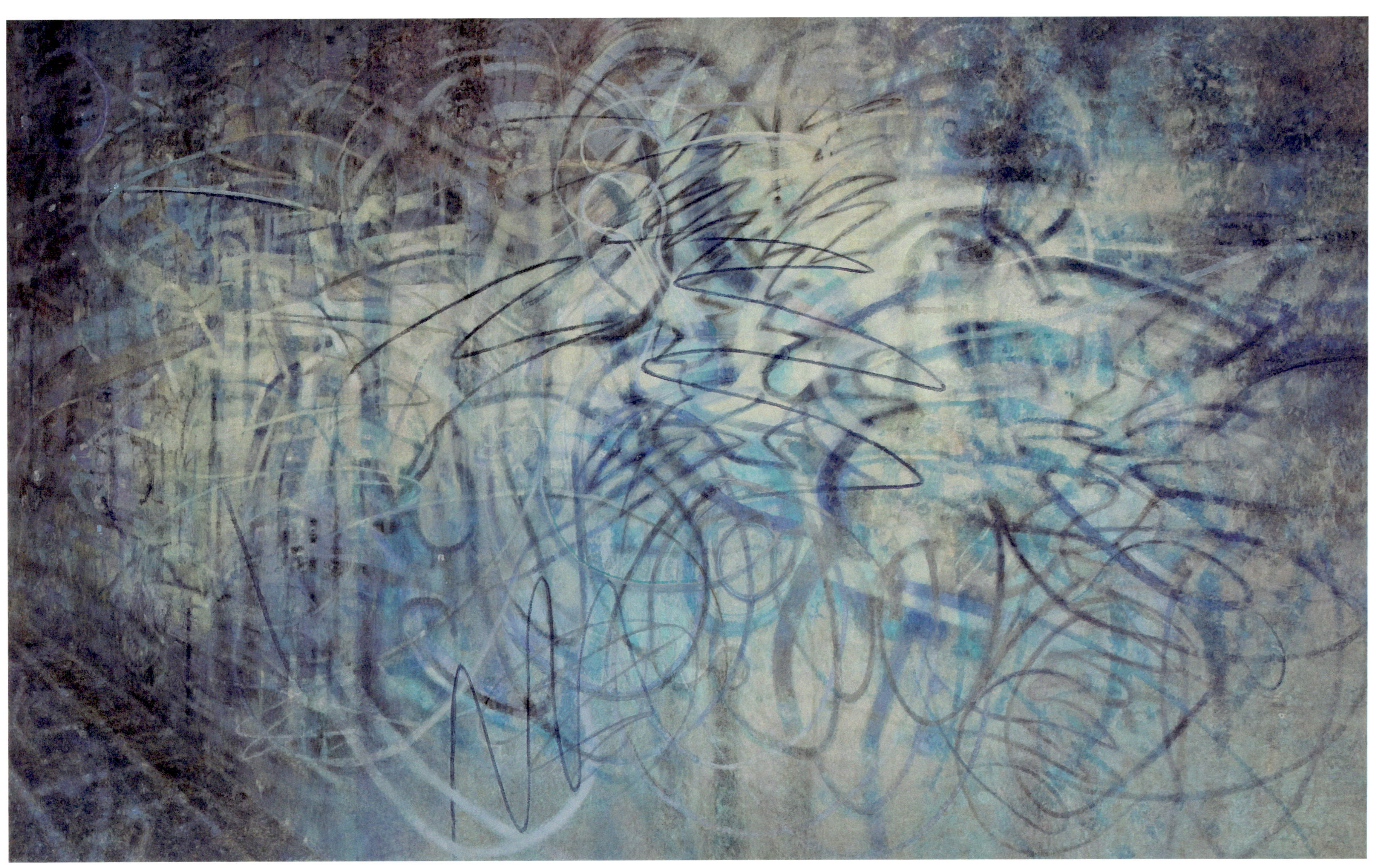

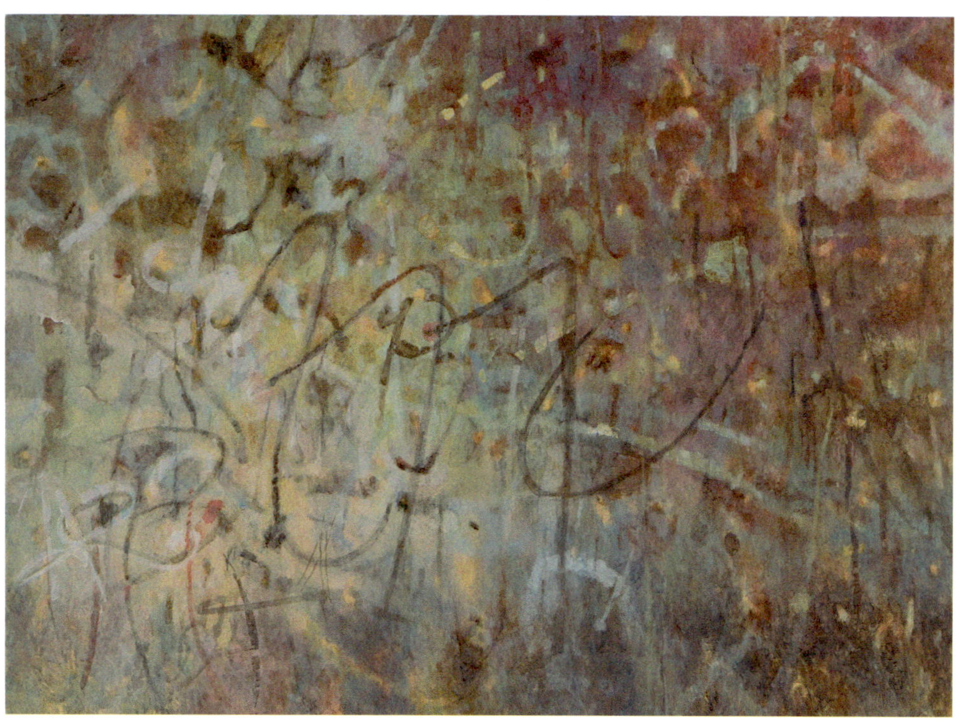

Kinky, 2009, Acryl auf Leinwand, 60 x 80 cm
Kinky, 2009, acrylic on canvas, 23.6 x 31.5 in

Pink, 2009, Acryl und Aquarell auf Leinwand, 190 x 200 cm
Pink, 2009, acrylic and watercolor on canvas, 74.8 x 78.7 in

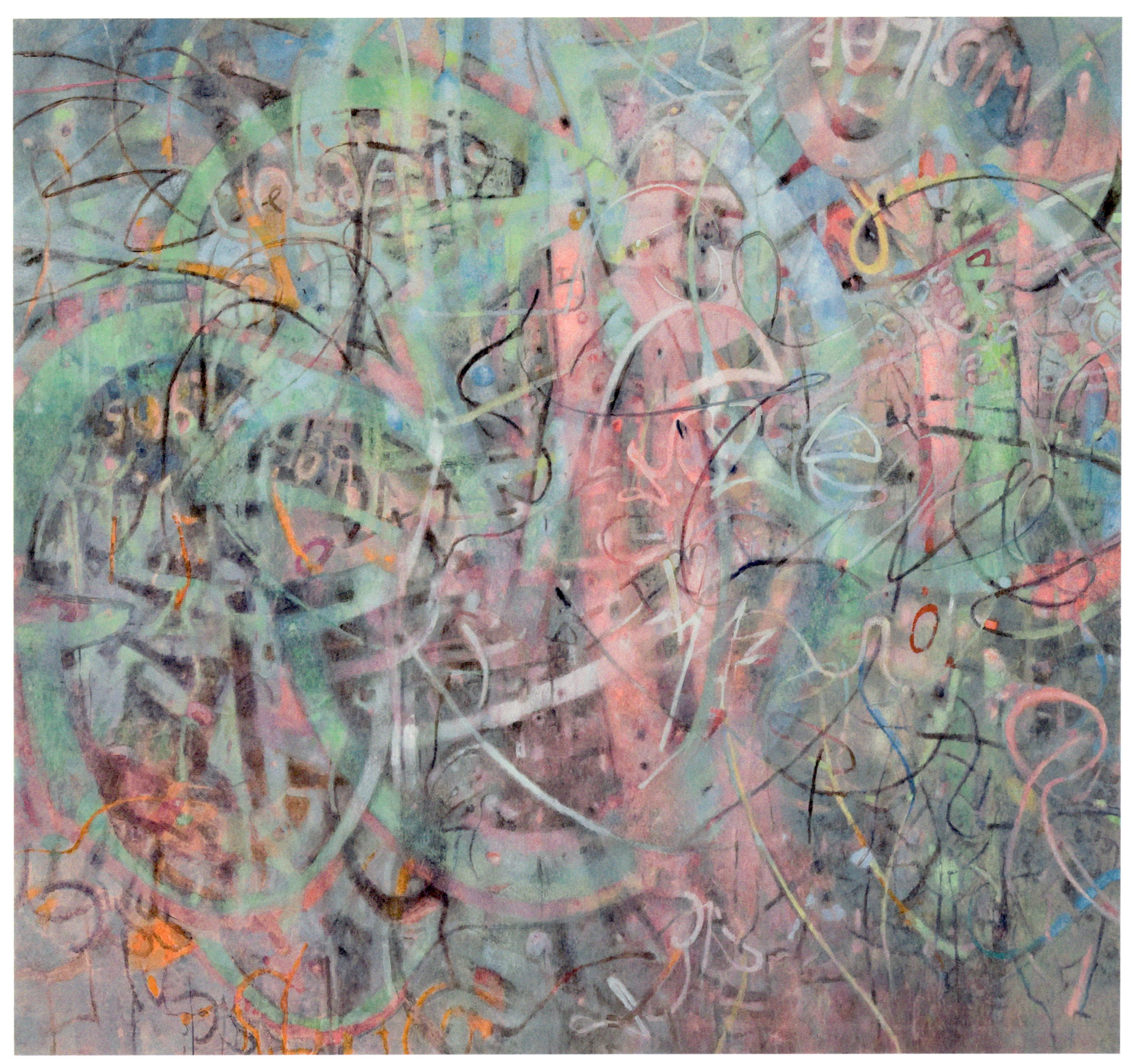

Gloom, 2008, Acryl auf Leinwand, 190 x 240 cm
Gloom, 2008, acrylic on canvas, 74.8 x 94.5 in

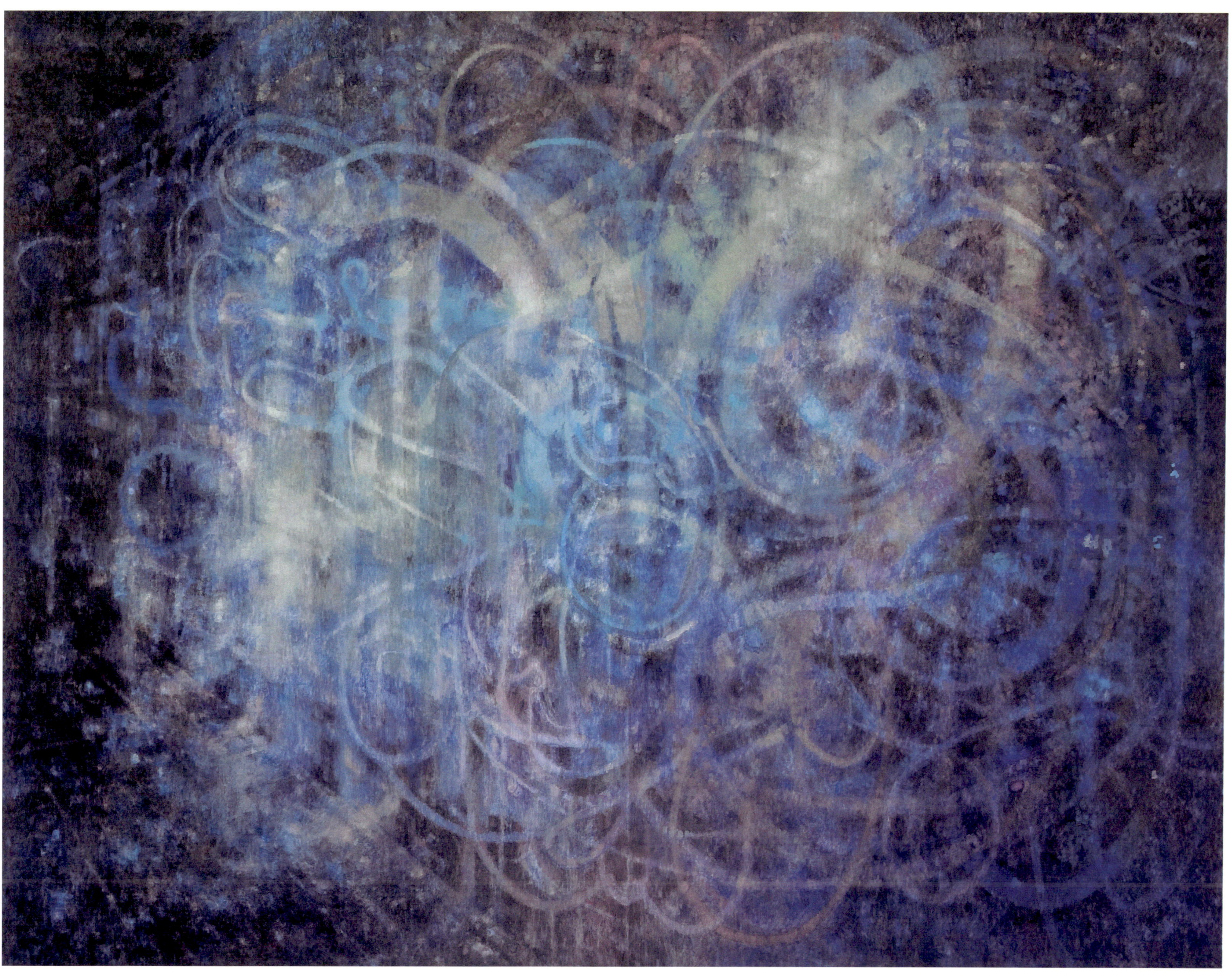

Colored Wall, 2009, Acryl auf Leinwand, 200 x 230 cm
Colored Wall, 2009, acrylic on canvas, 78.7 x 90.6 in

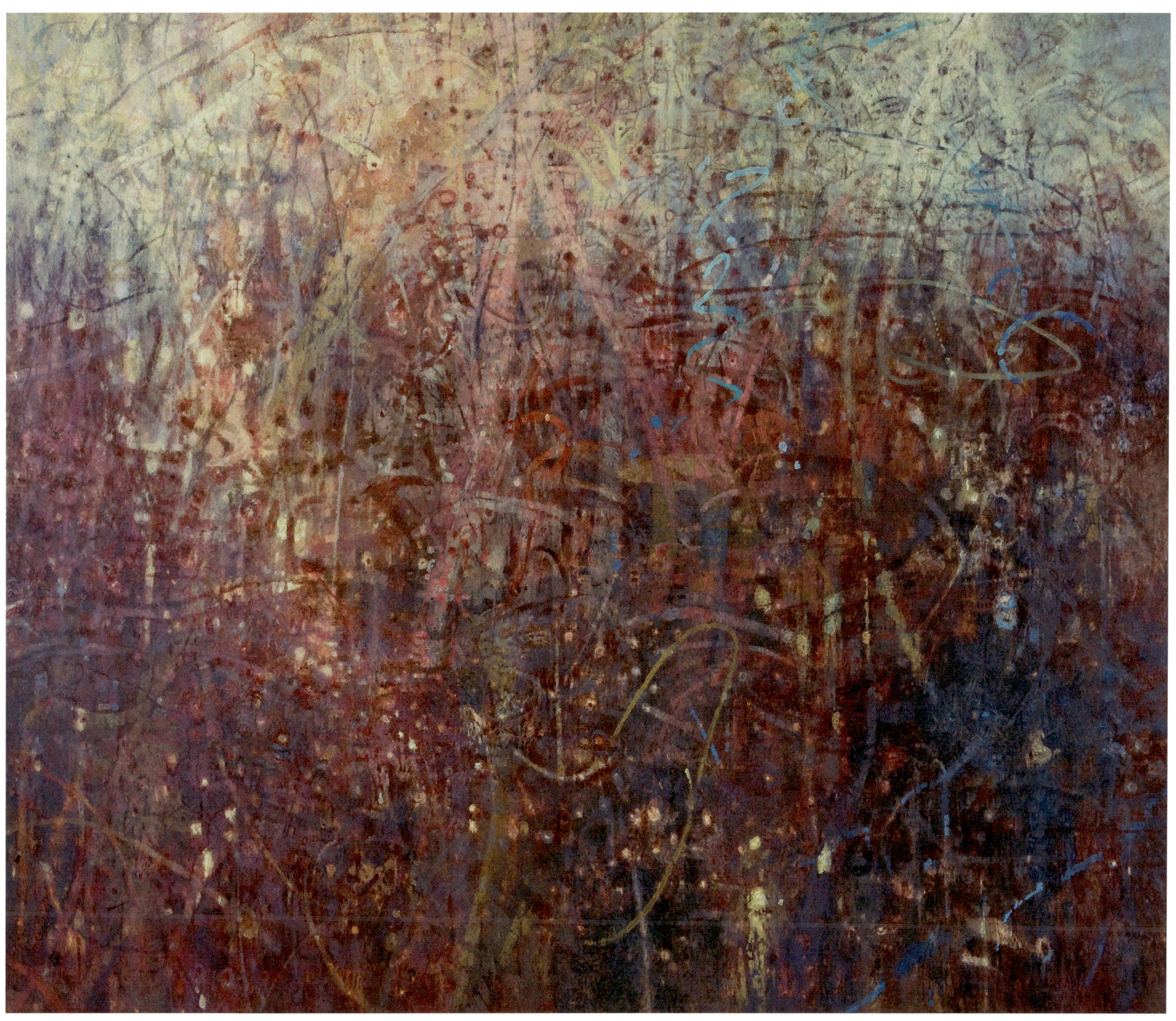

Dark, 2008, Acryl auf Leinwand, 190 x 210 cm
Dark, 2008, acrylic on canvas, 74.8 x 82.7 in

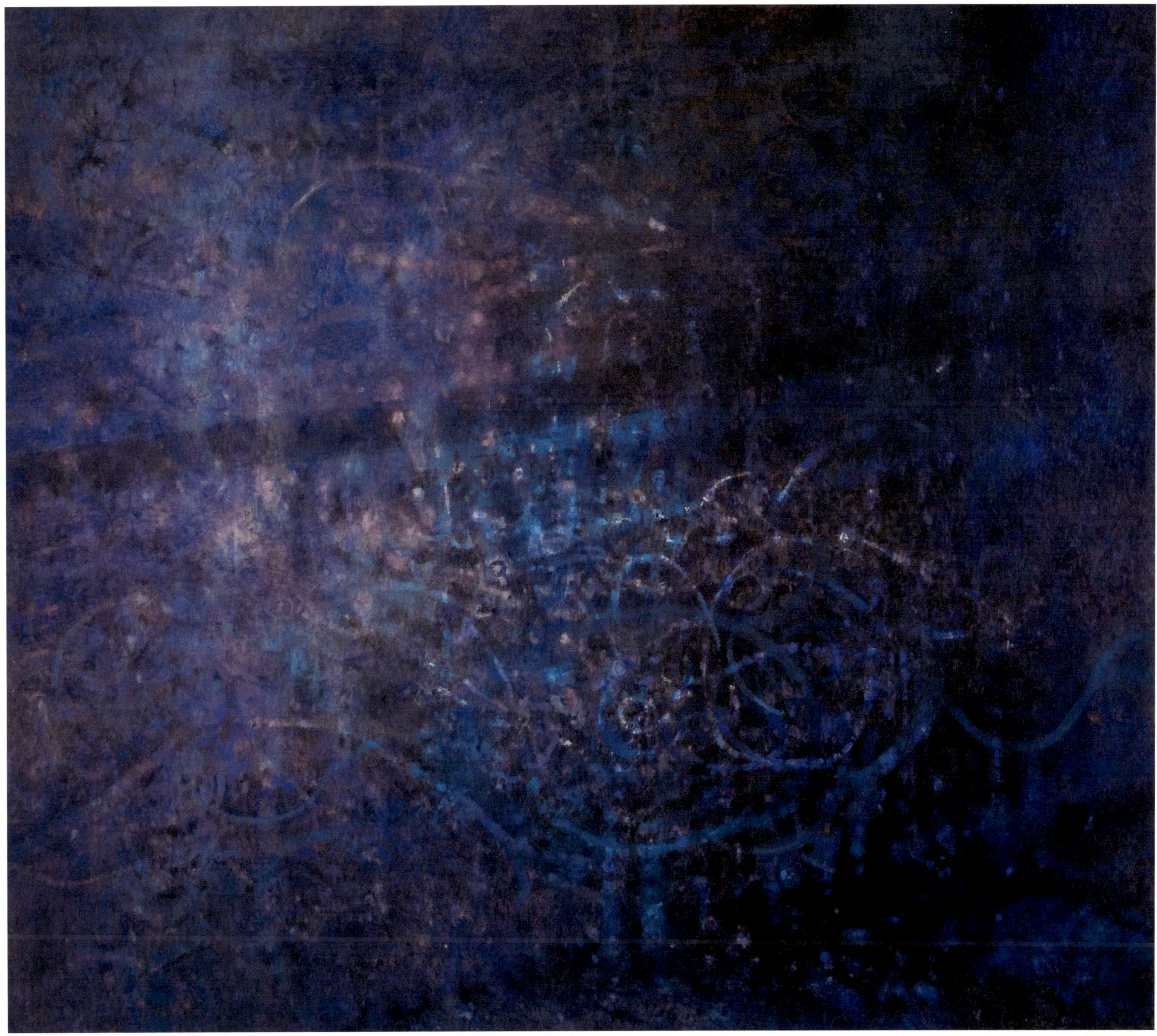

Underground Painting II, 2007, Acryl auf Leinwand, 130 x 160 cm
Underground Painting II, 2007, acrylic on canvas, 51.2 x 63 in

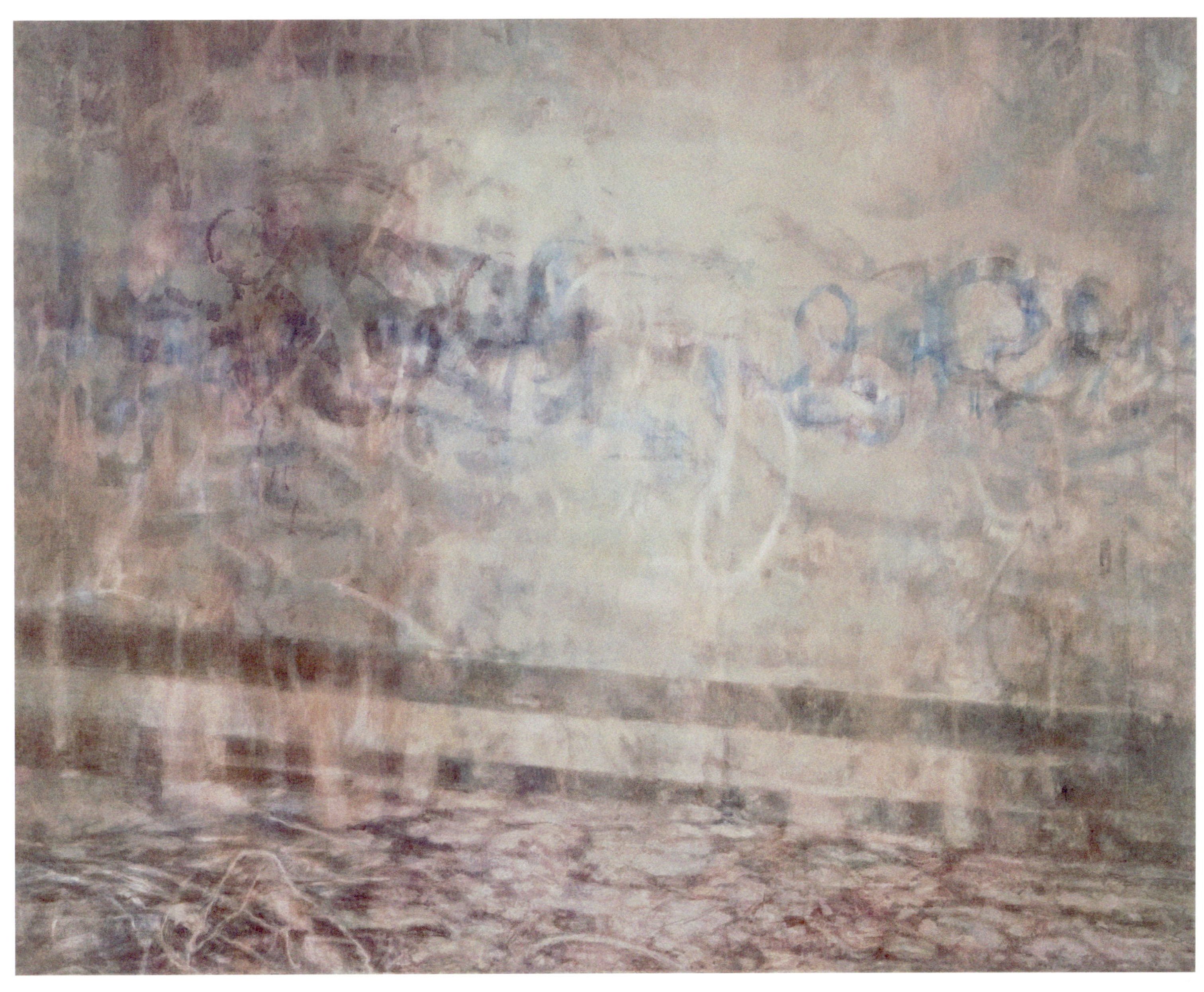

Underground Painting I, 2007, Acryl auf Leinwand, 190 x 220 cm
Underground Painting I, 2007, acrylic on canvas, 74.8 x 86.6 in

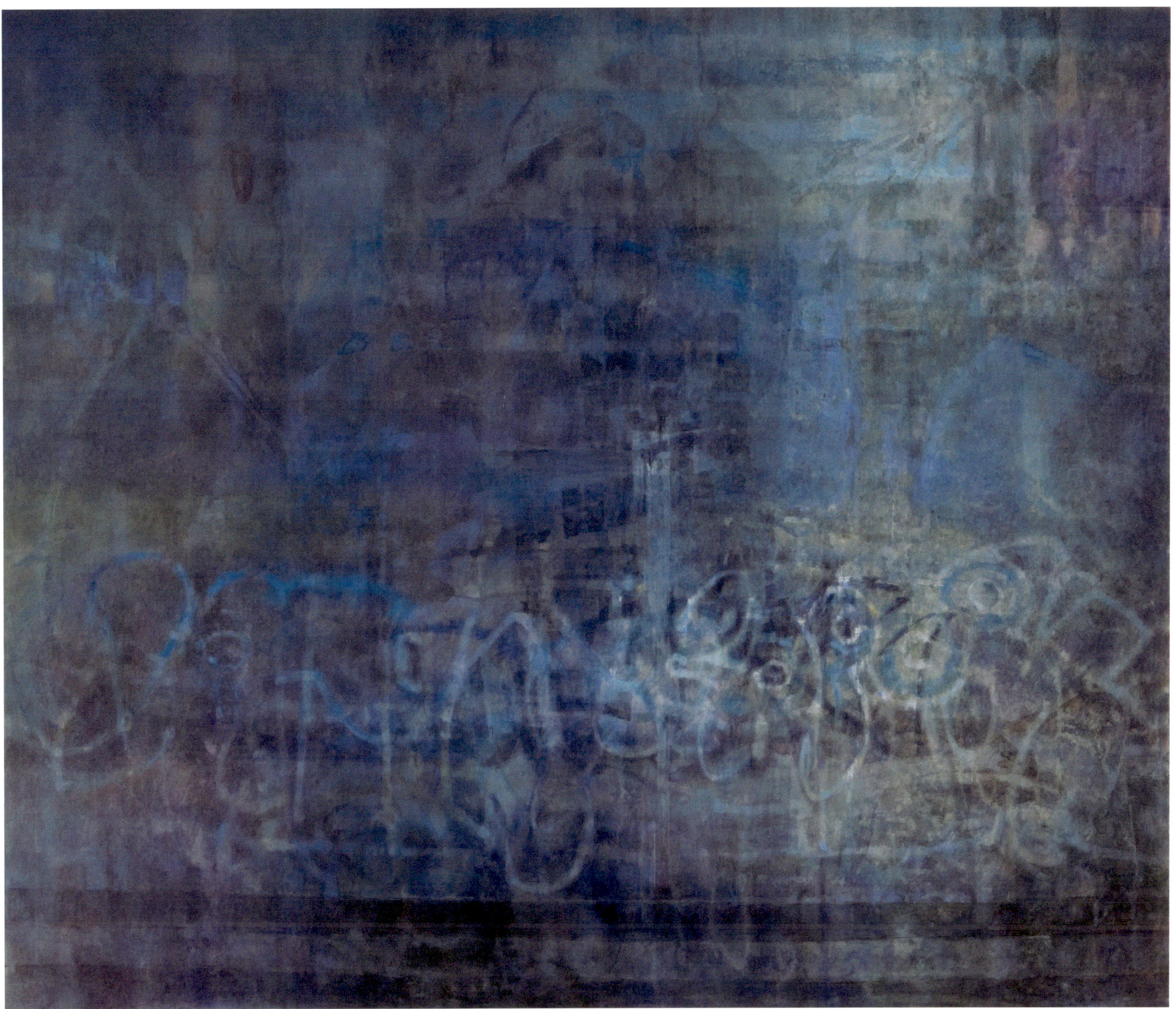

Bright Wall, 2009, Acryl auf Leinwand, 90 x 120 cm
Bright Wall, 2009, acrylic on canvas, 35.4 x 47.2 in

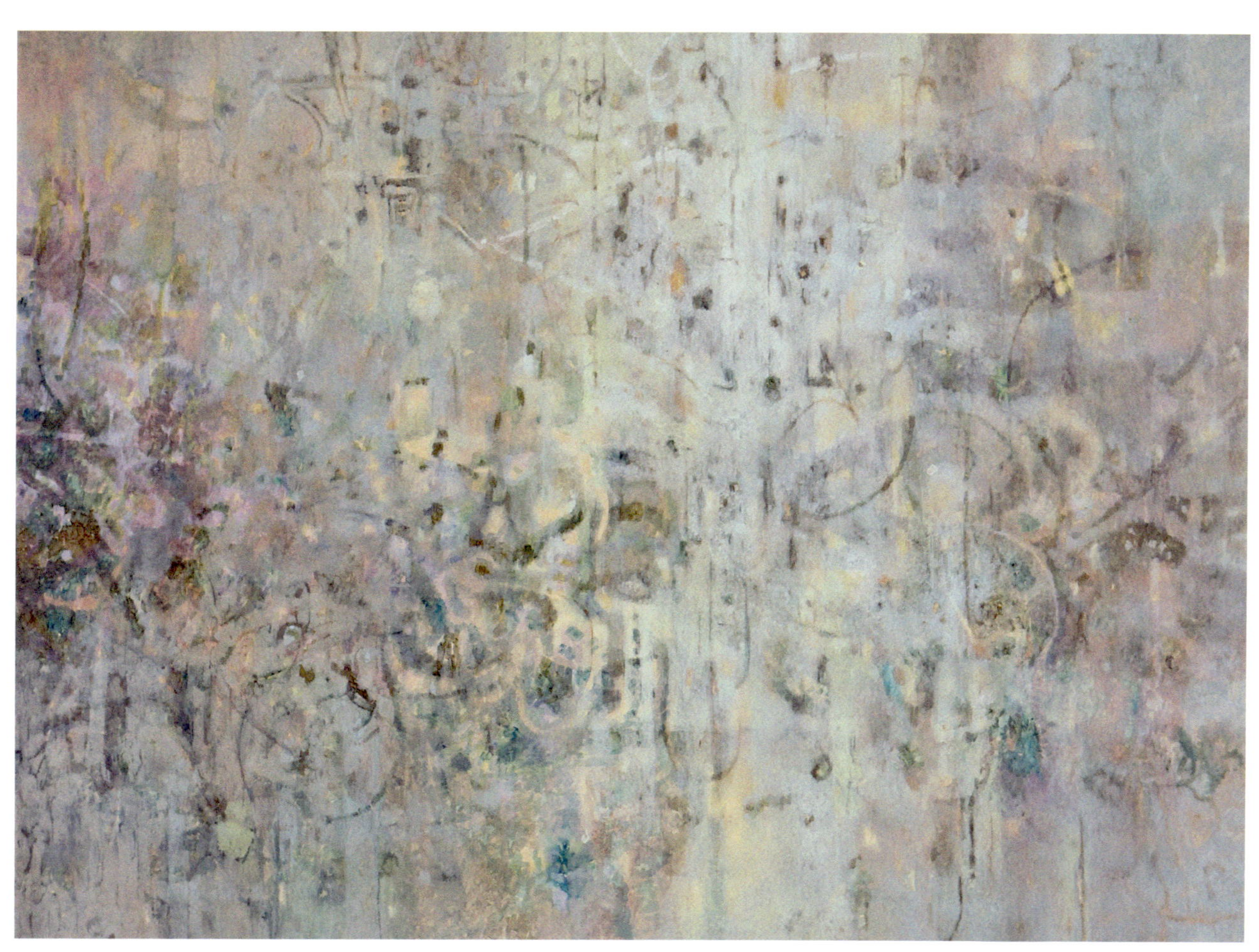

Wall, 2009, Acryl auf Leinwand, 90 x 120 cm
Wall, 2009, acrylic on canvas, 35.4 x 47.2 in

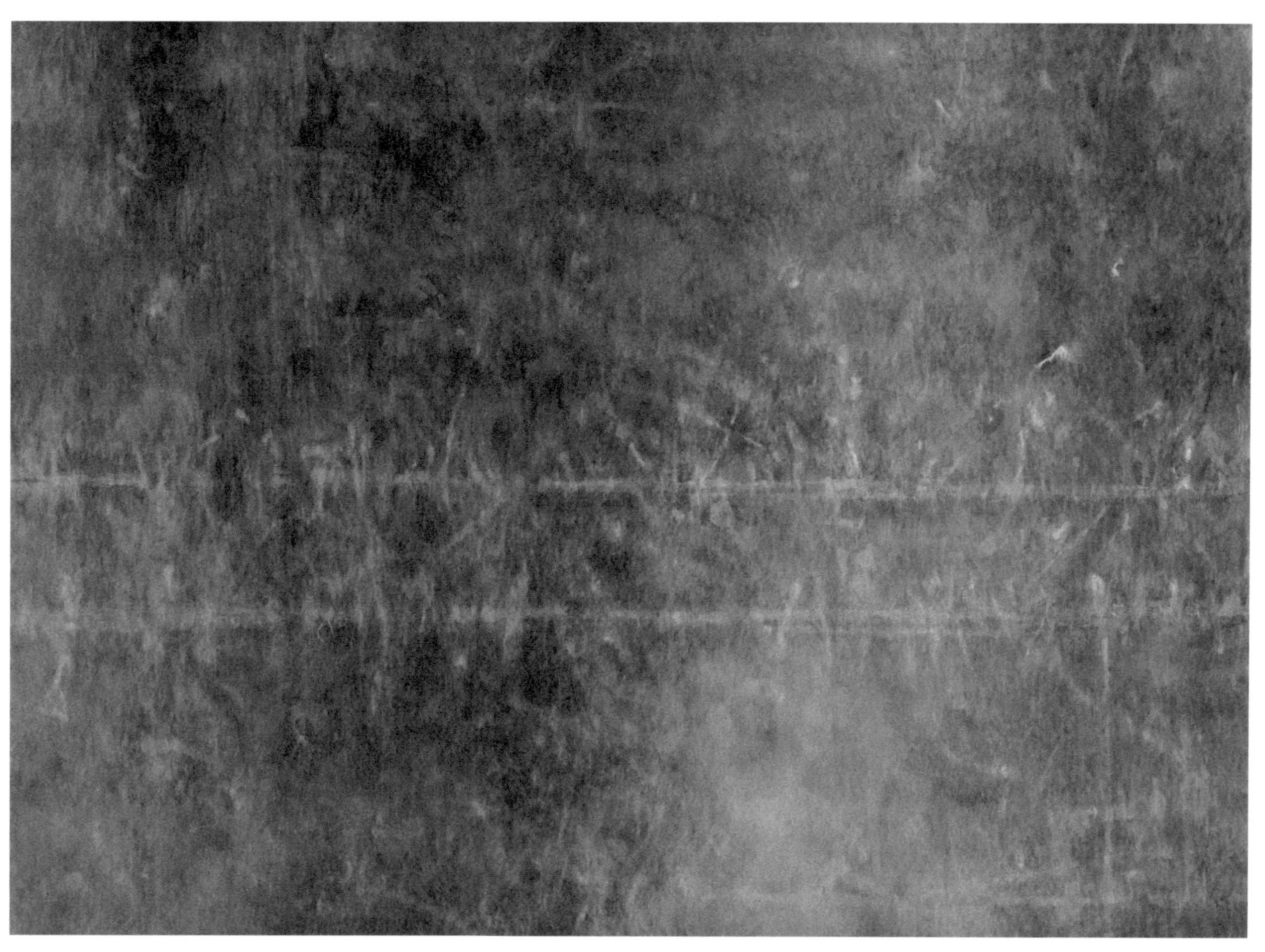

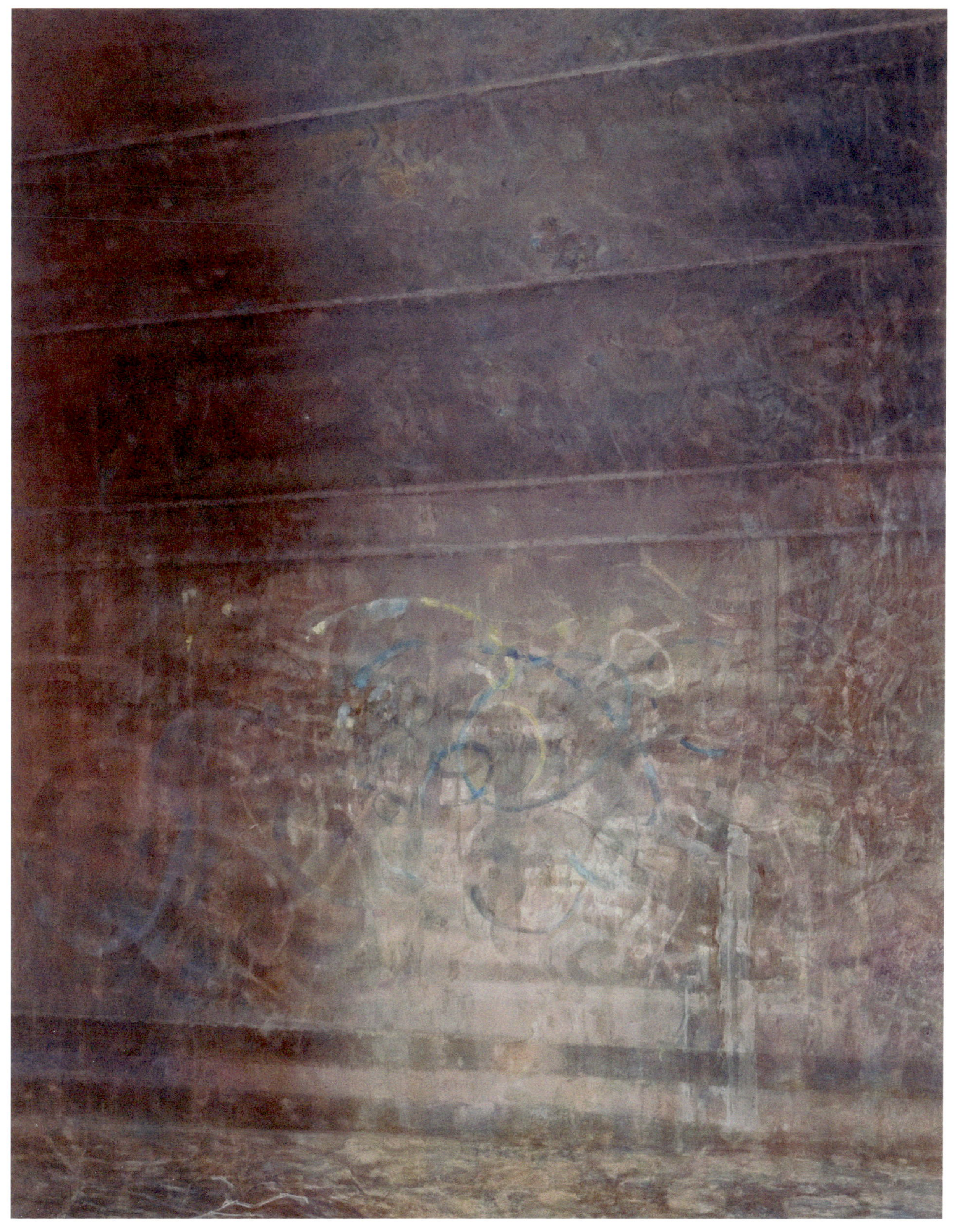

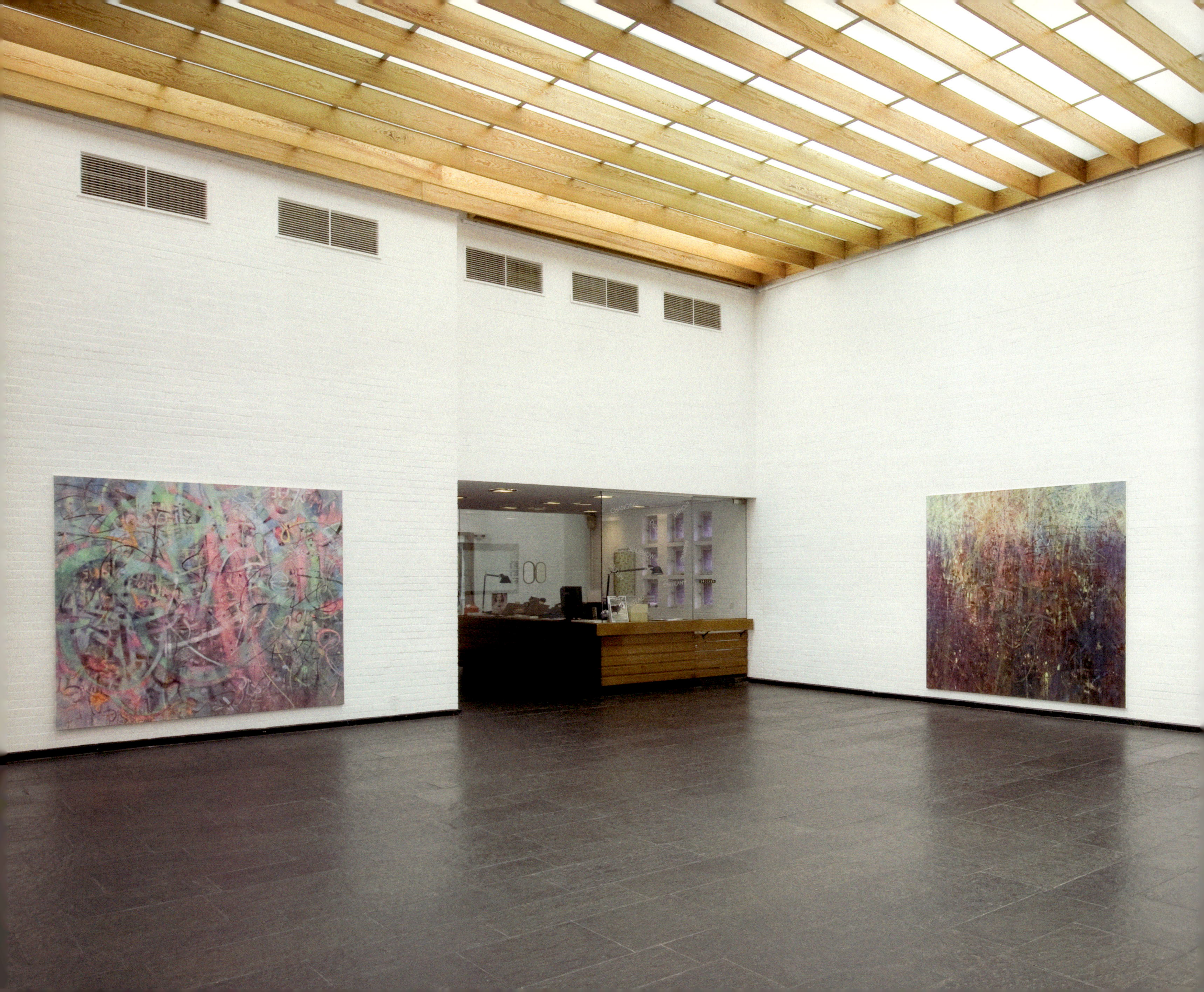

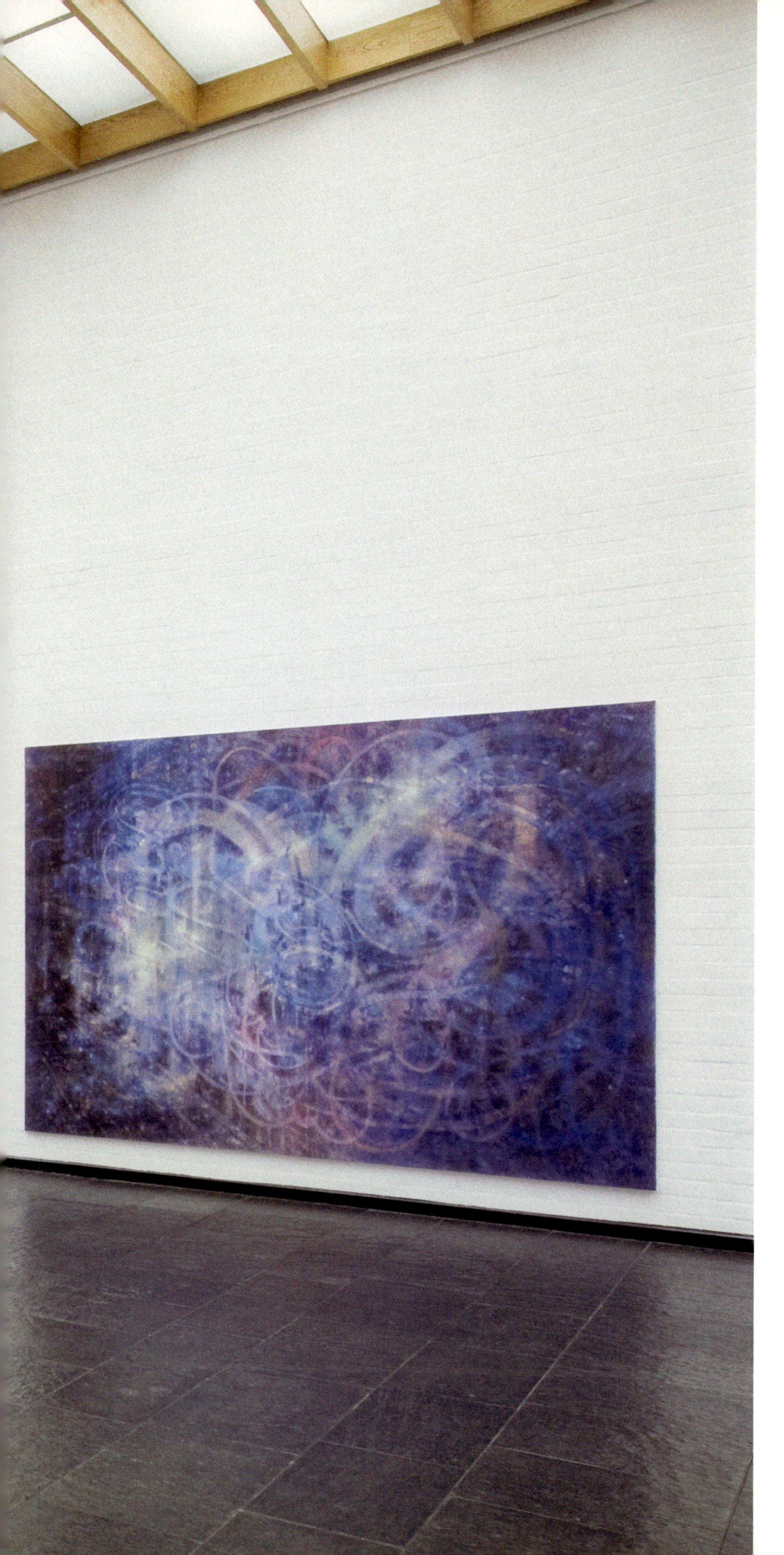

Ausstellungsansicht *Gleam*, Kunsthalle Bremerhaven, 2009
Installation view *Gleam*, Kunsthalle Bremerhaven, 2009

Folgende Seite *White Noise*, Ausschnitt in Originalgröße
The following page *White Noise*, detail in original size

19th Street (Rain) 2009–2011

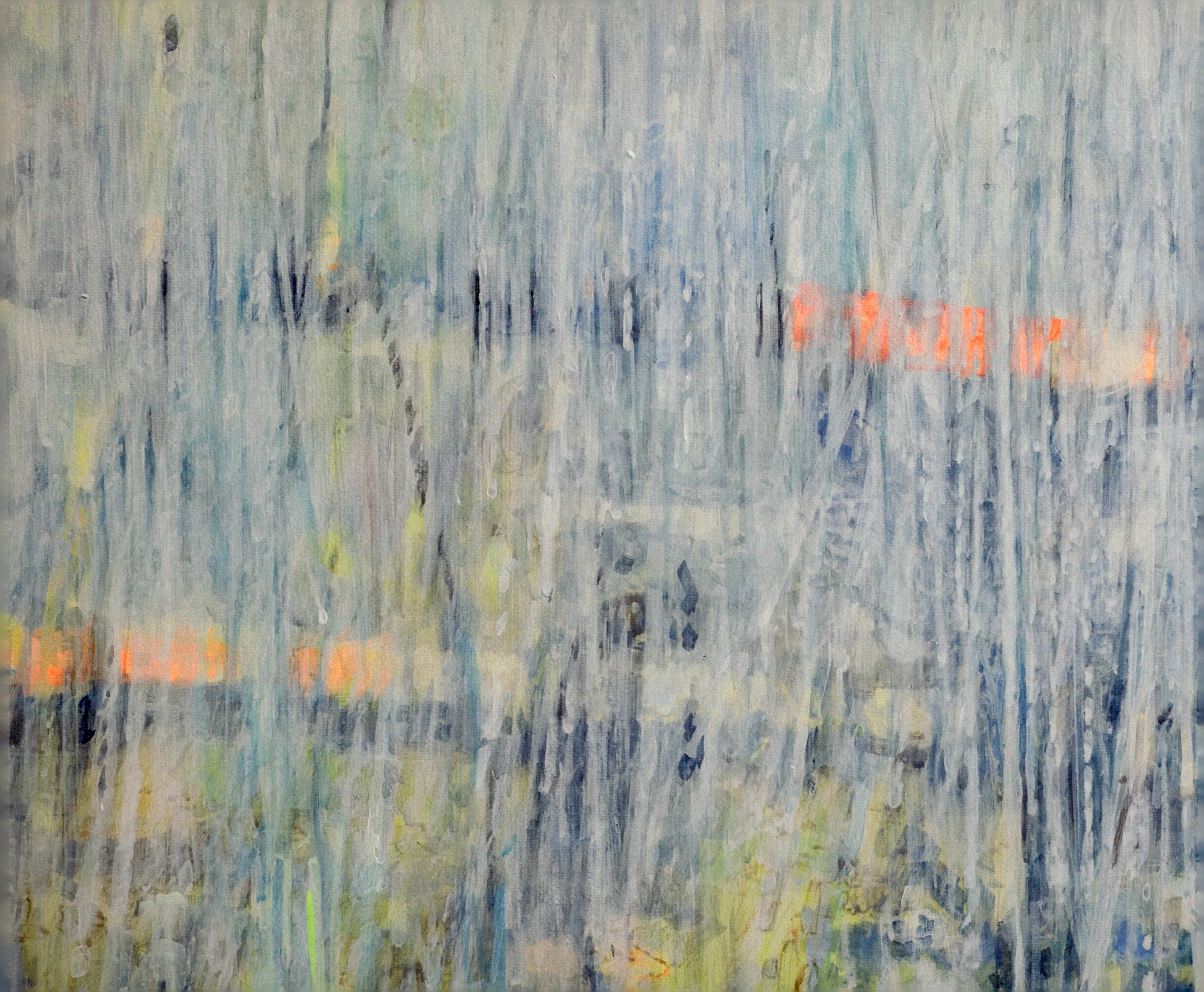

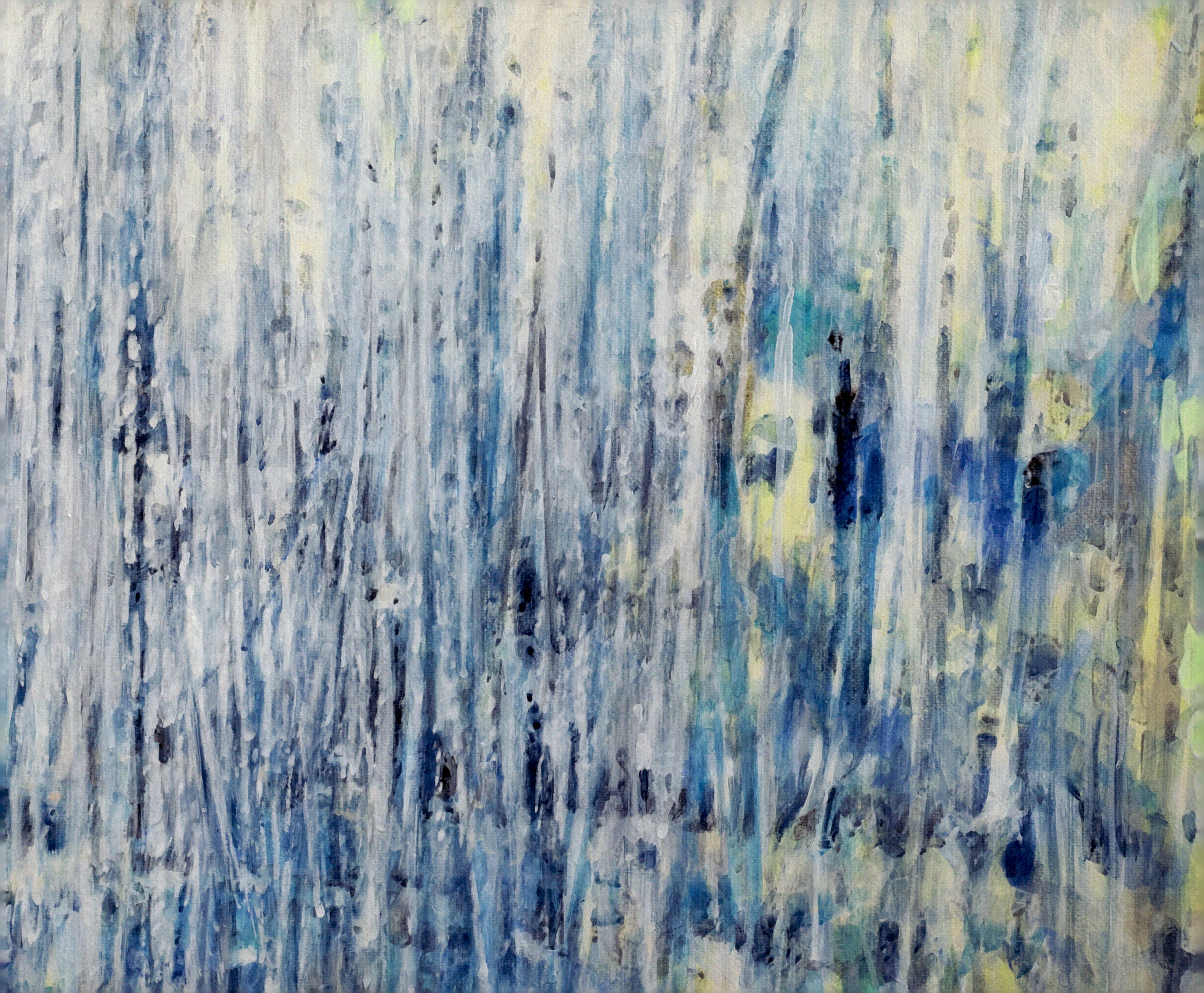

19th Street (Rain I), 2009, Acryl auf Leinwand, 160 x 240 cm
19th Street (Rain I), 2009, acrylic on canvas, 63 x 94.5 in

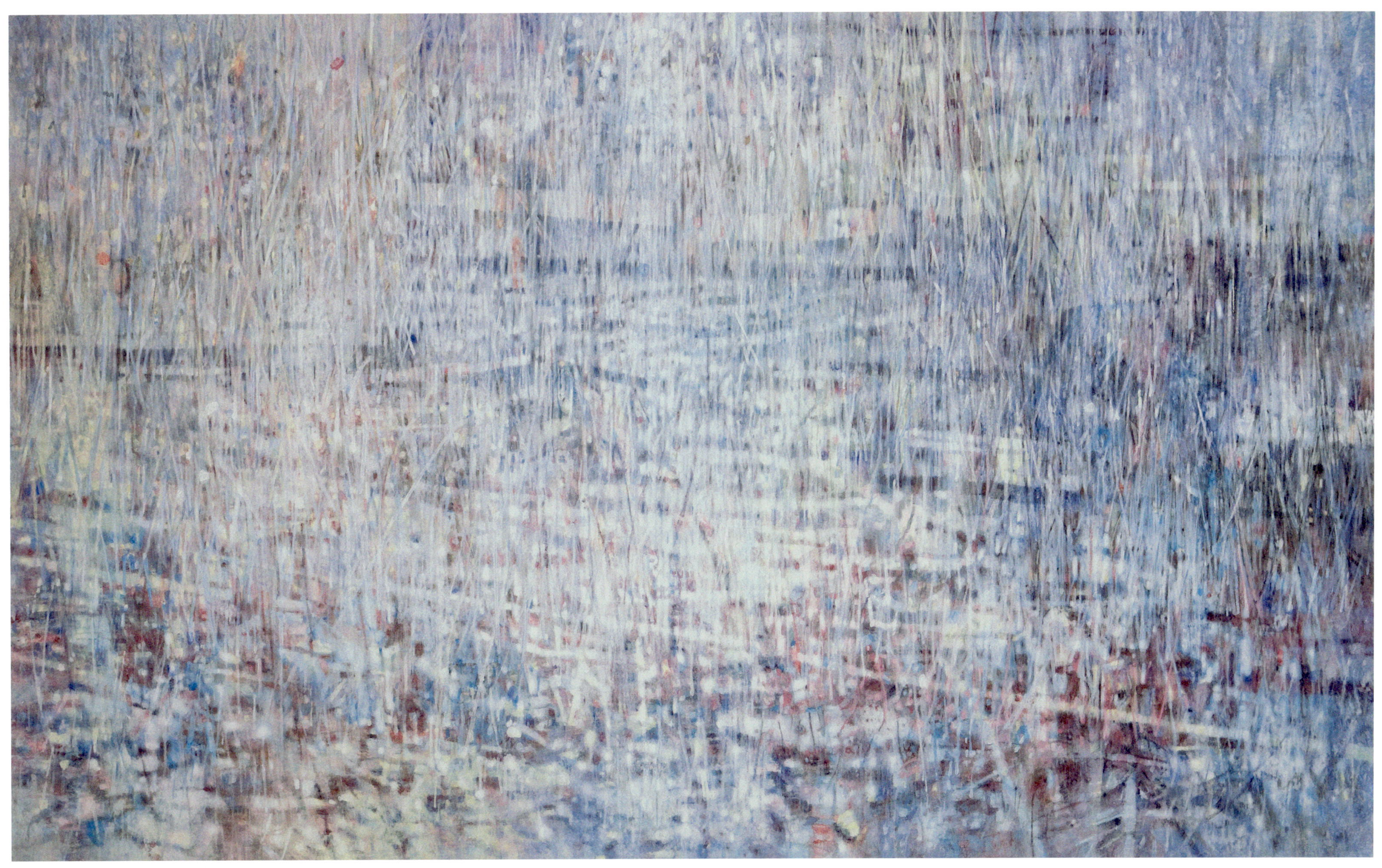

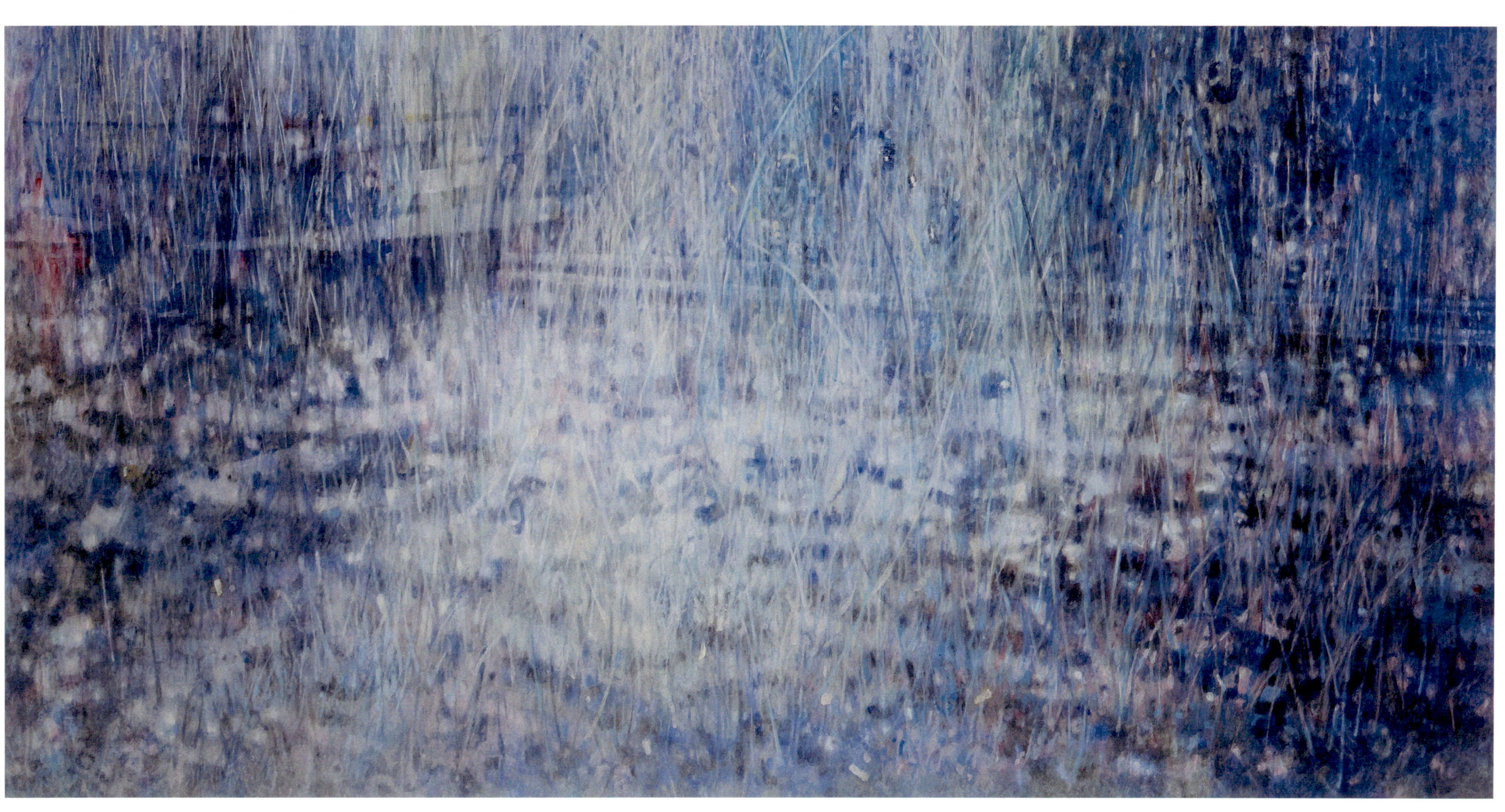

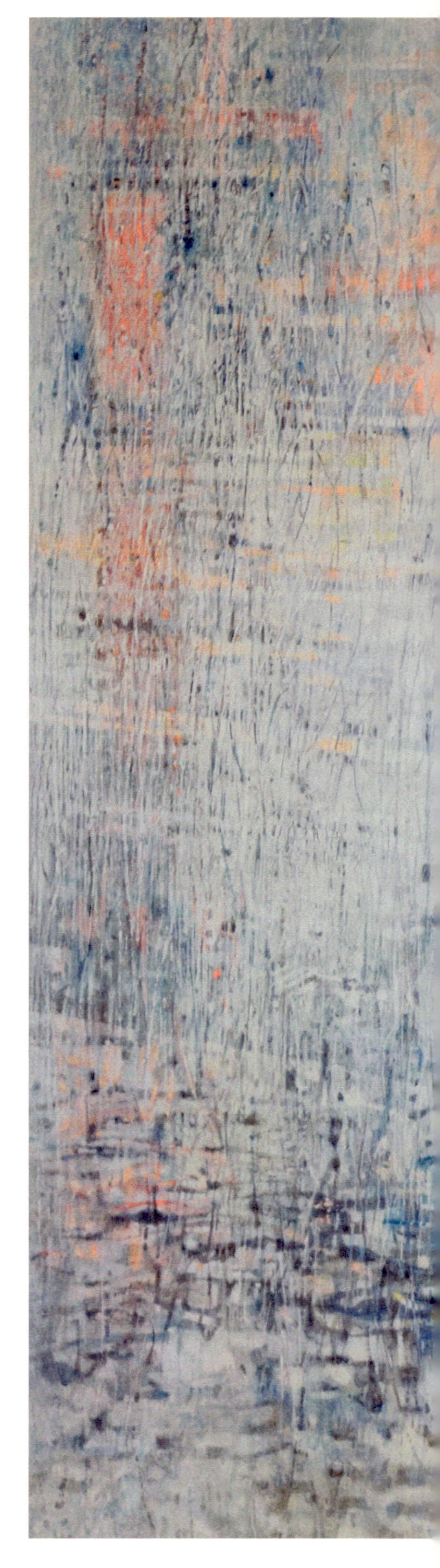

White Noise, 2010, Acryl auf Leinwand, 200 x 330 cm
White Noise, 2010, acrylic on canvas, 78.7 x 129.9 in

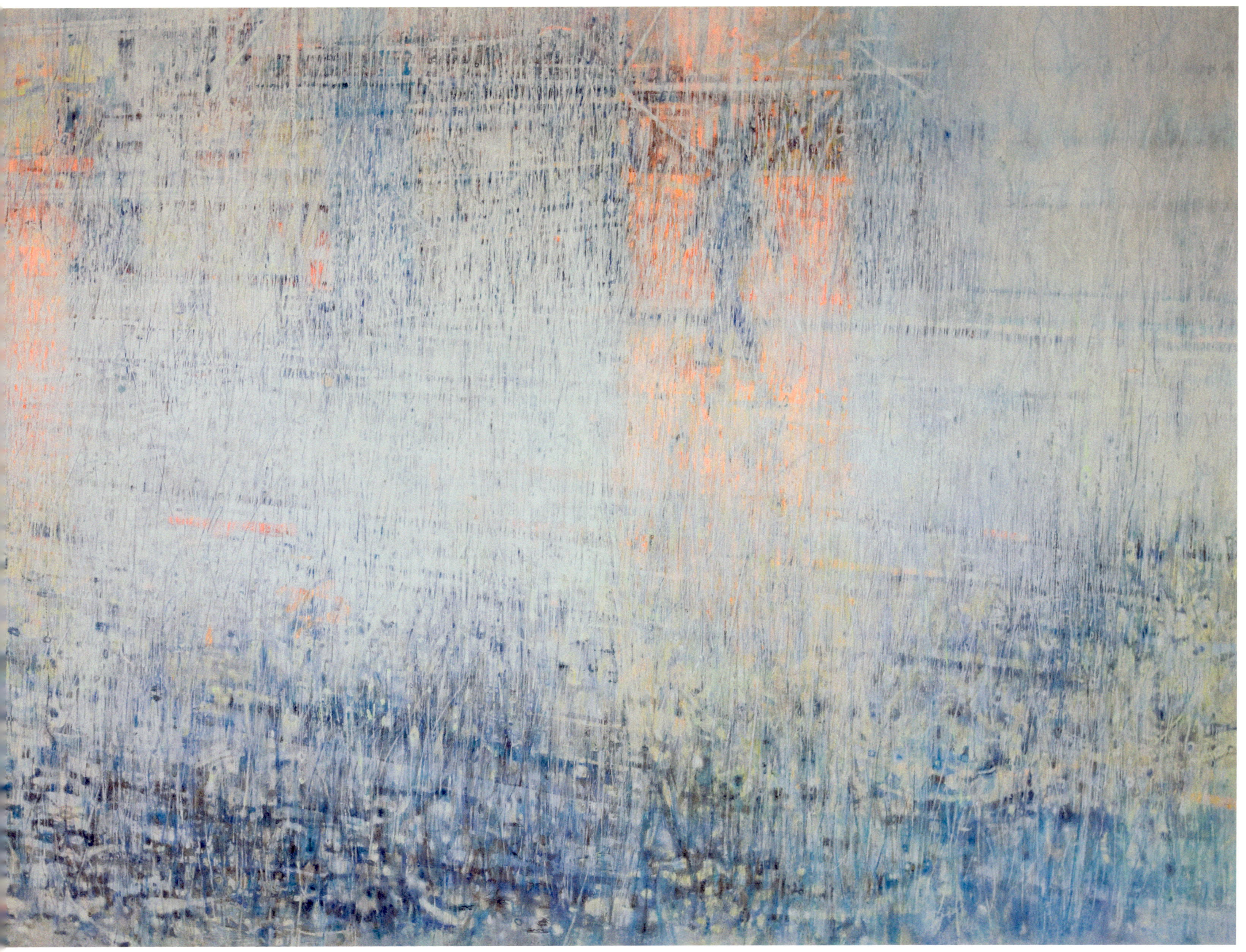

Black Spot, 2011, Acryl und Aquarell auf Leinwand, 200 x 350 cm
Black Spot, 2011, acryl and aquarell on canvas, 78.7 x 137.8 in

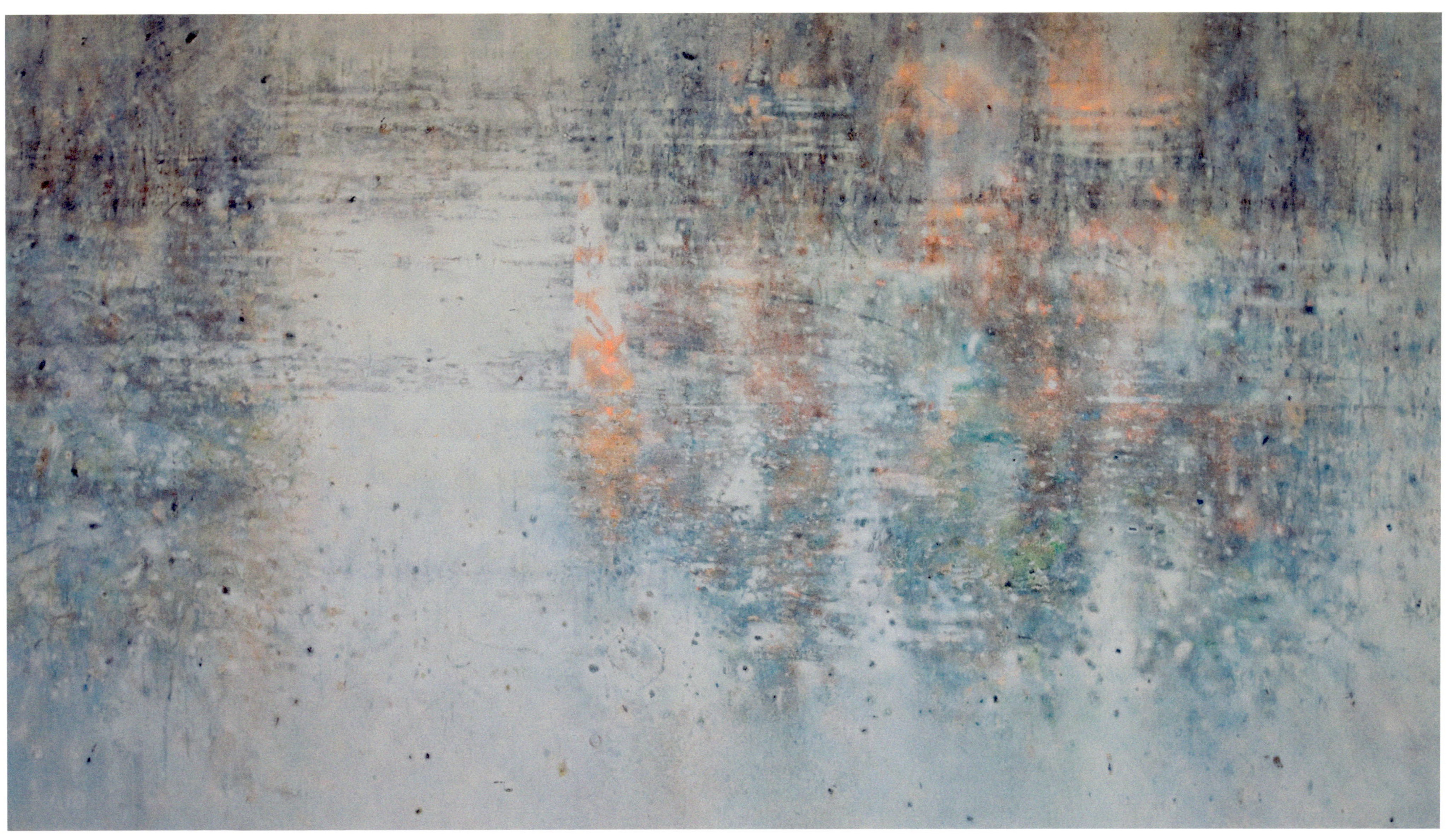

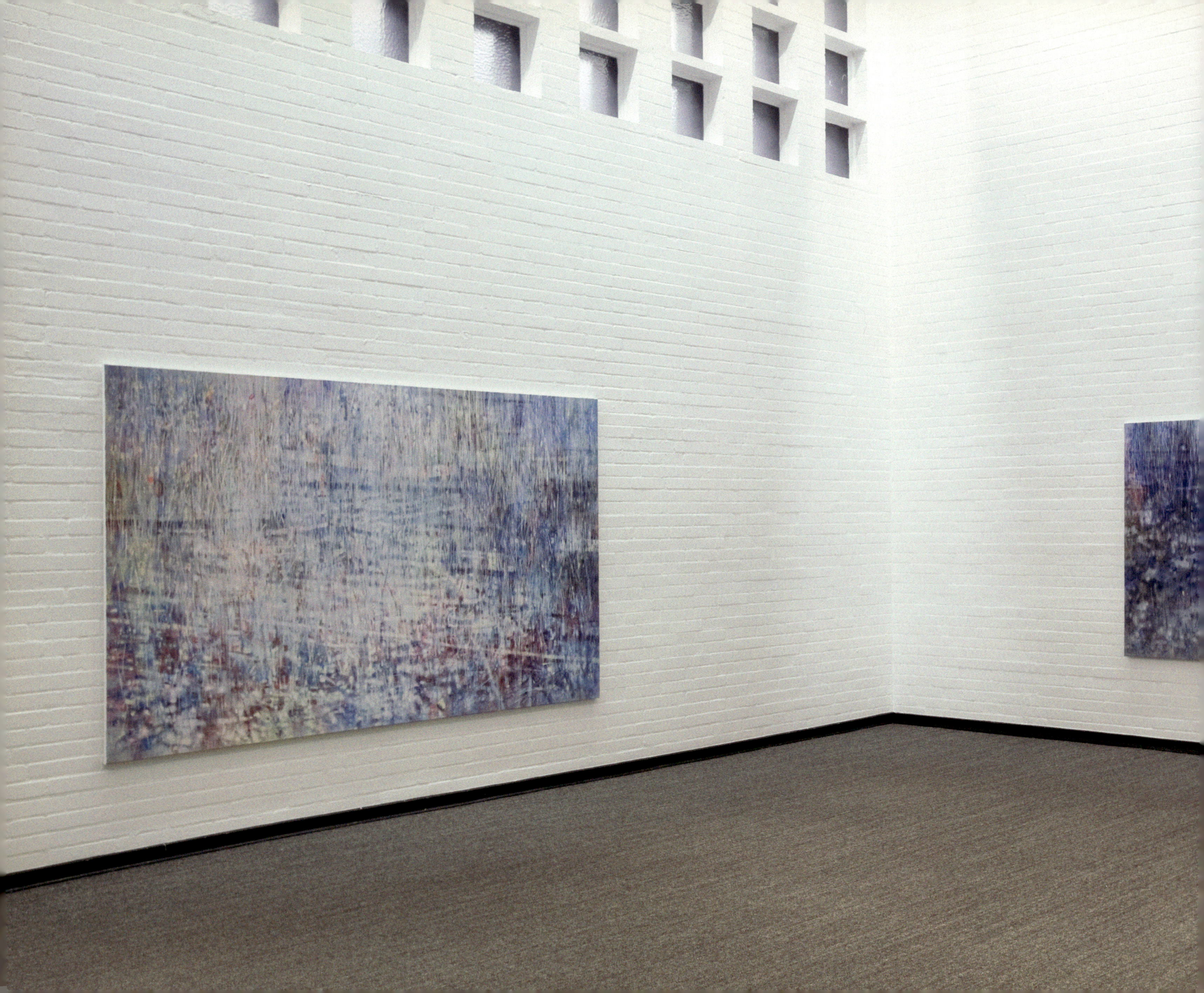

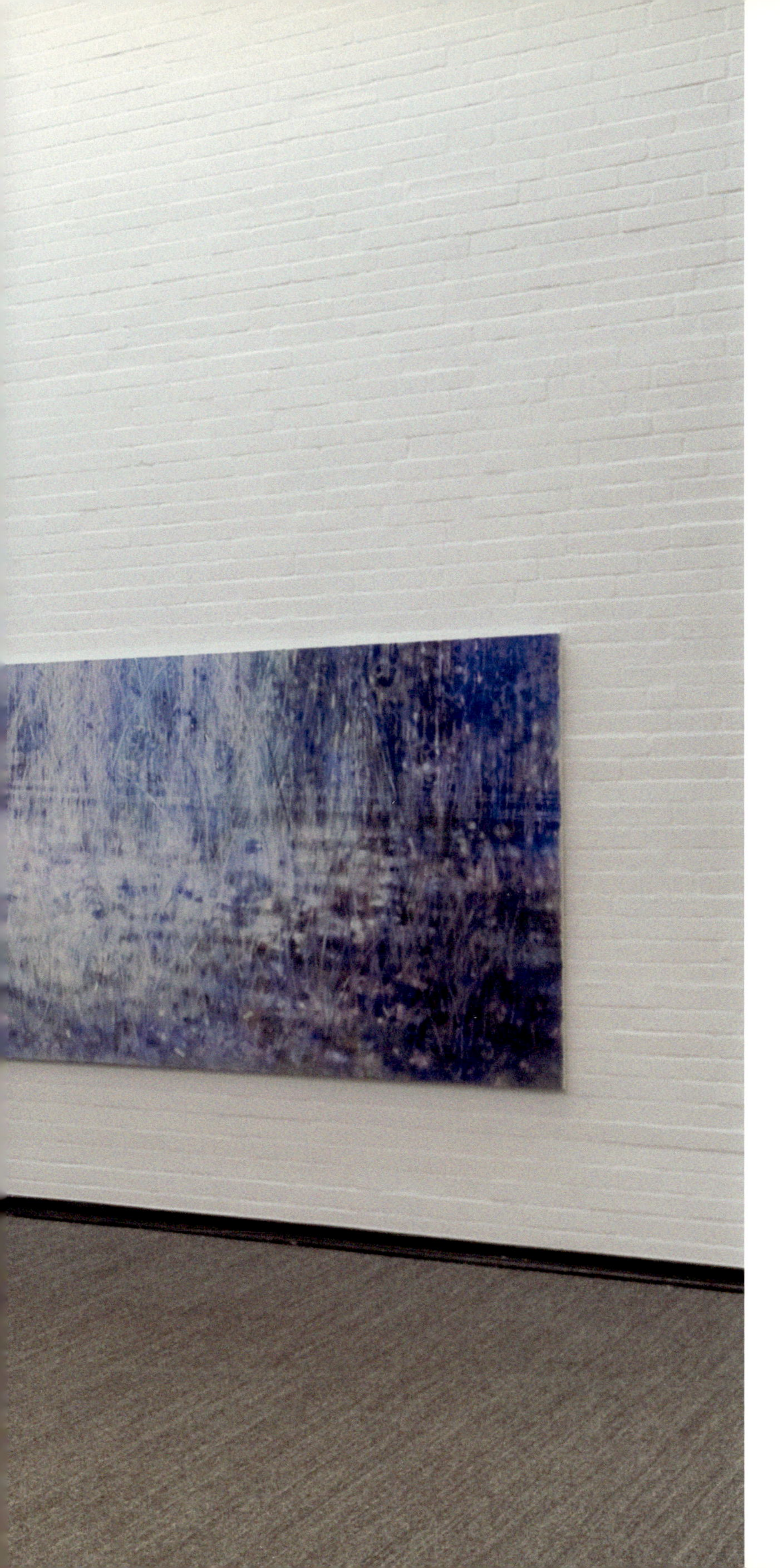

Ausstellungsansicht *Gleam*, Kunsthalle Bremerhaven, 2009
Installation view *Gleam*, Kunsthalle Bremerhaven, 2009

Folgende Seite *Colored Wall*, Ausschnitt in Originalgröße
The following page *Colored Wall*, detail in original size

Studien > Studies 2002–2011

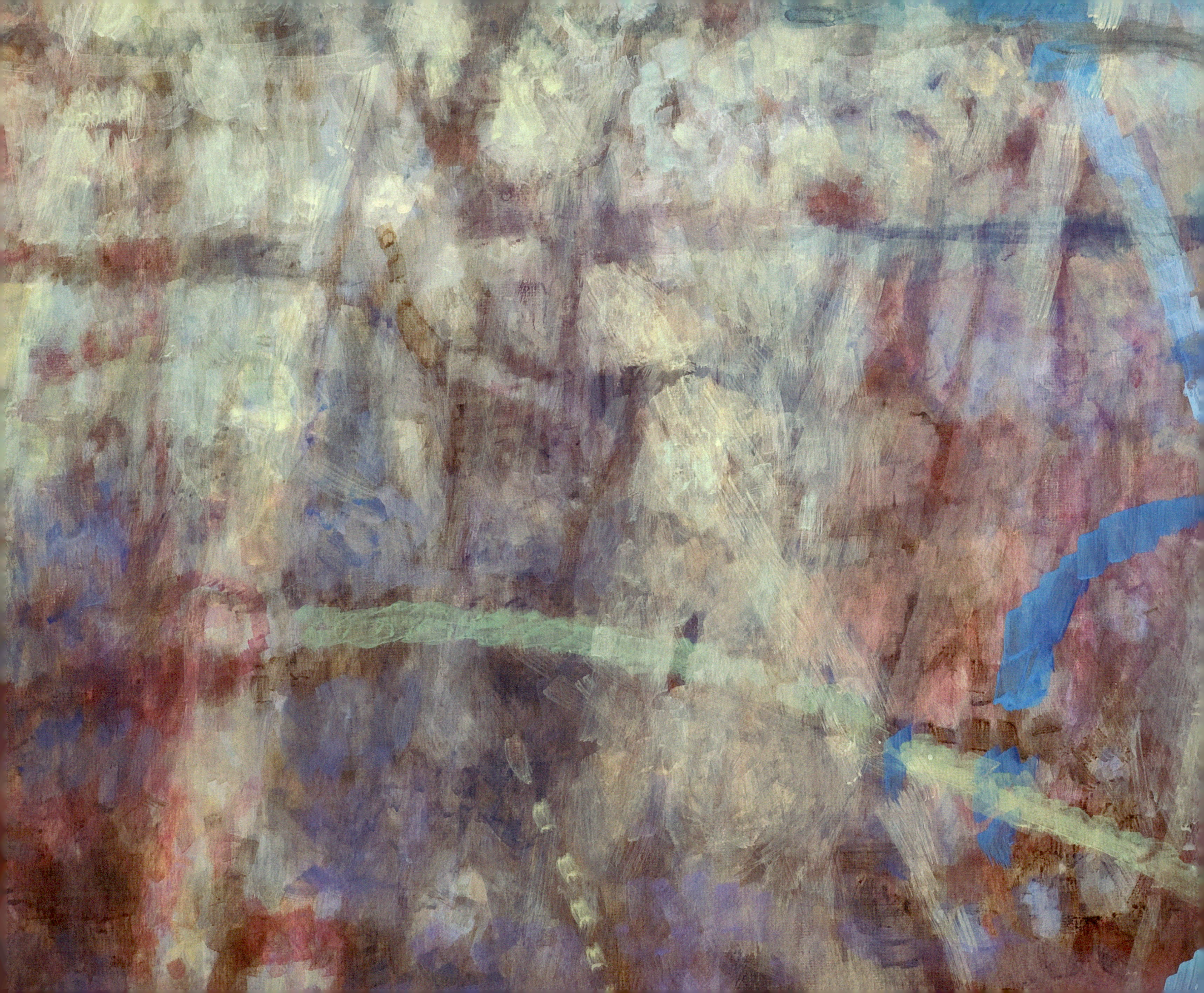

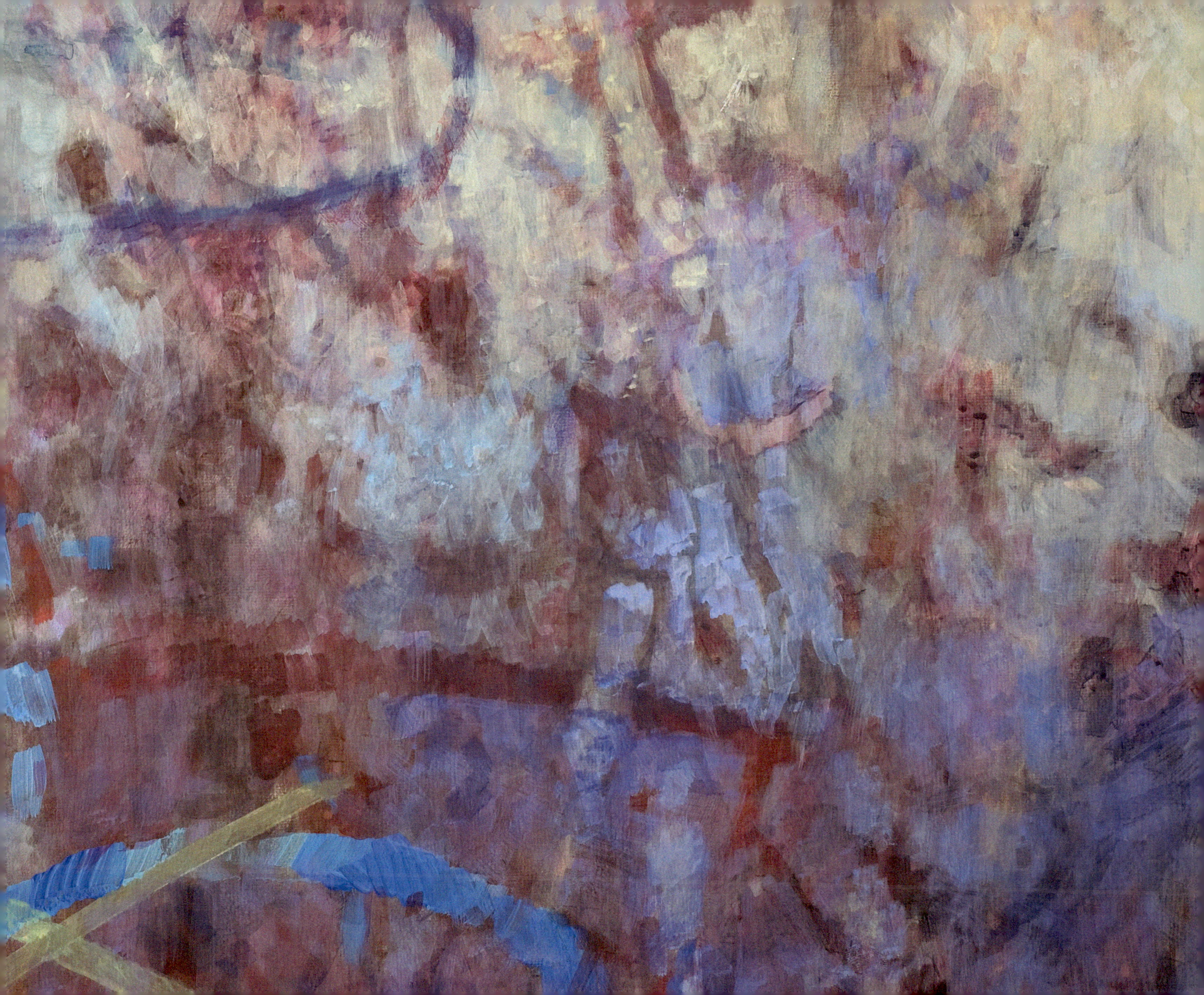

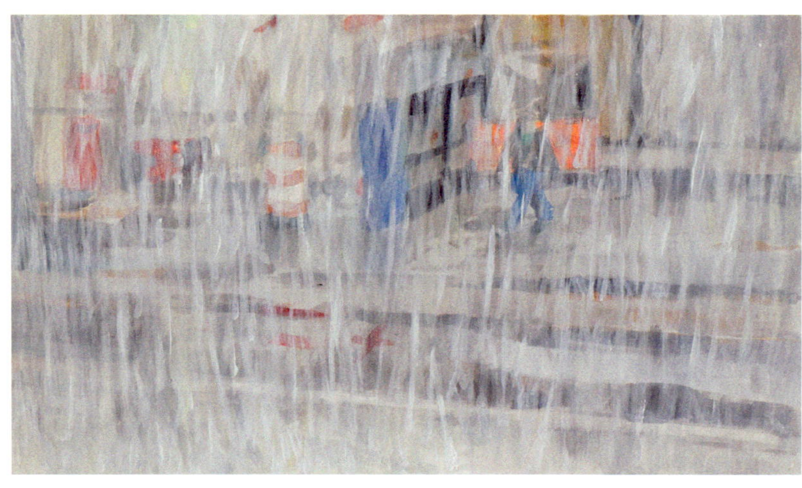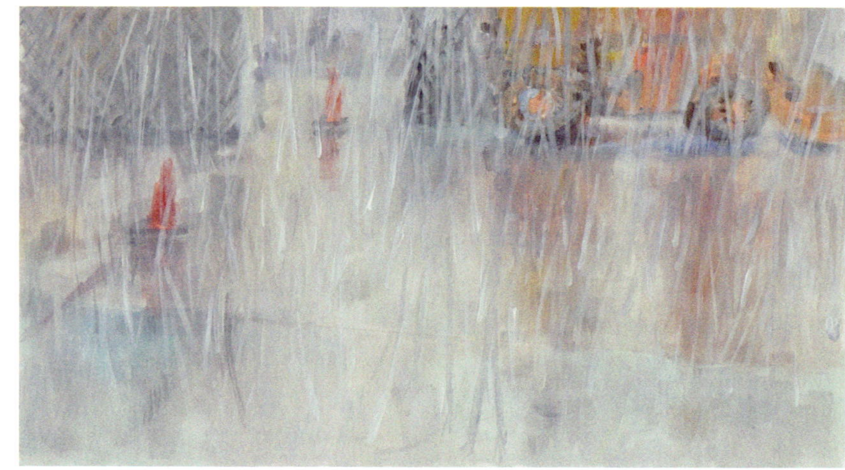

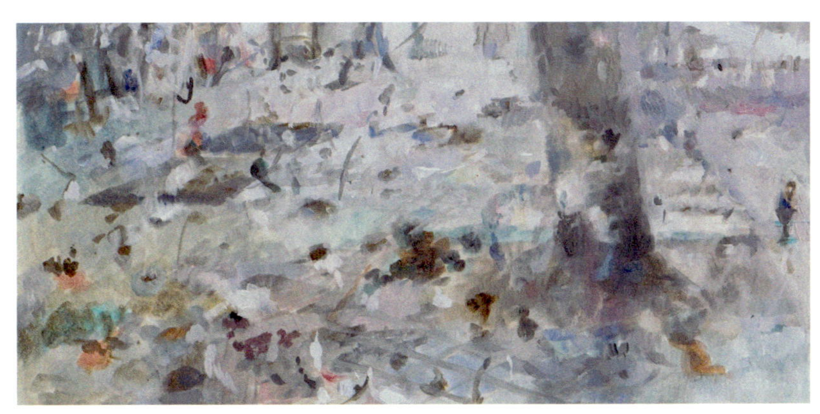
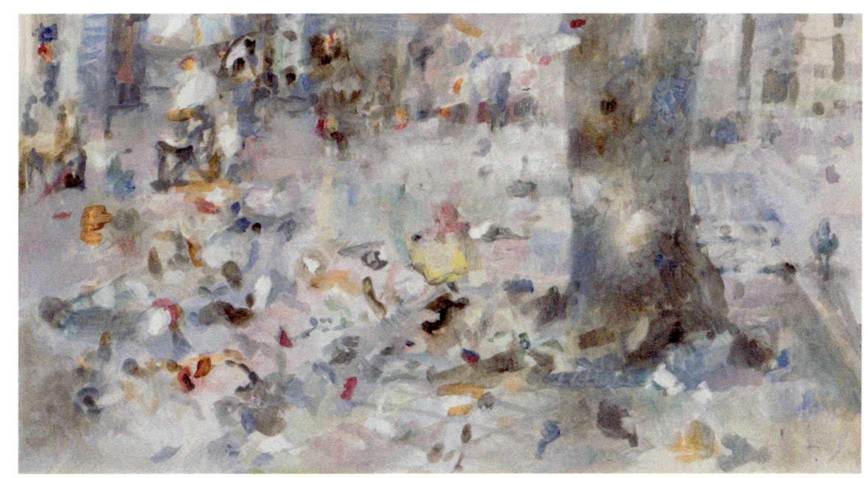

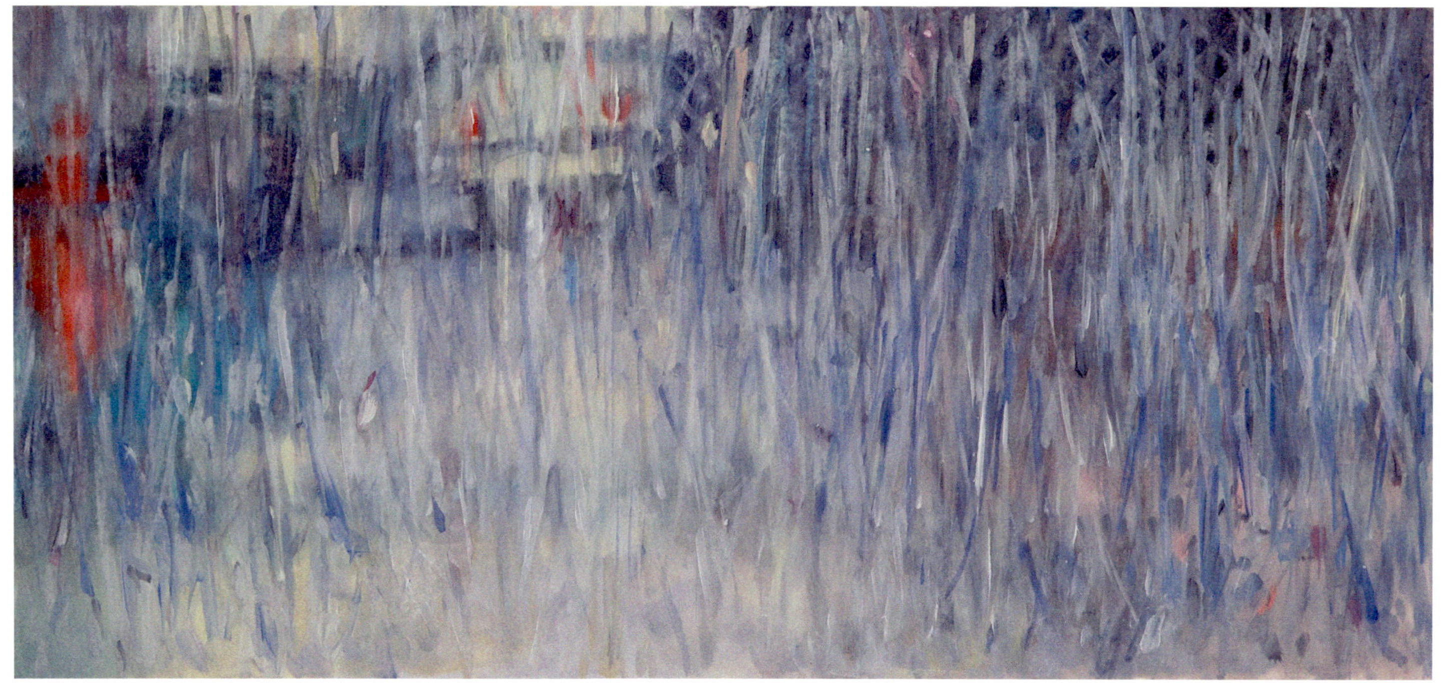

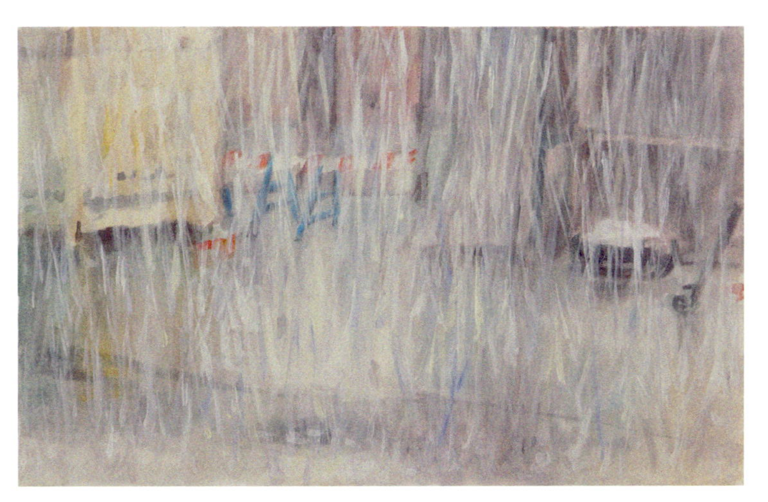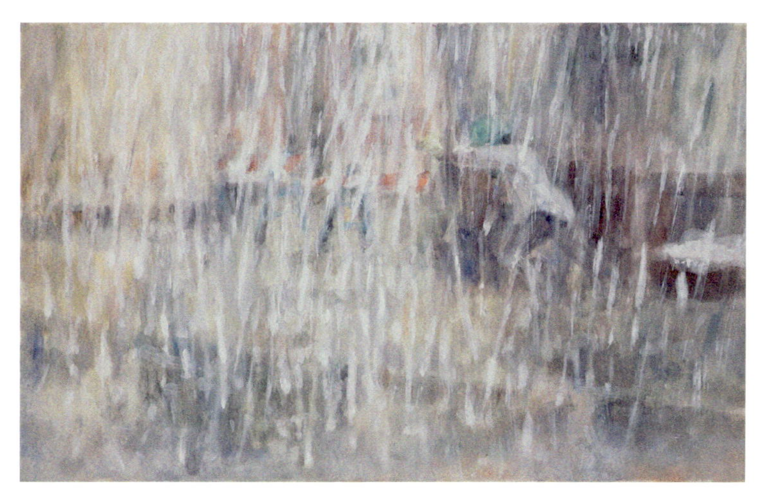

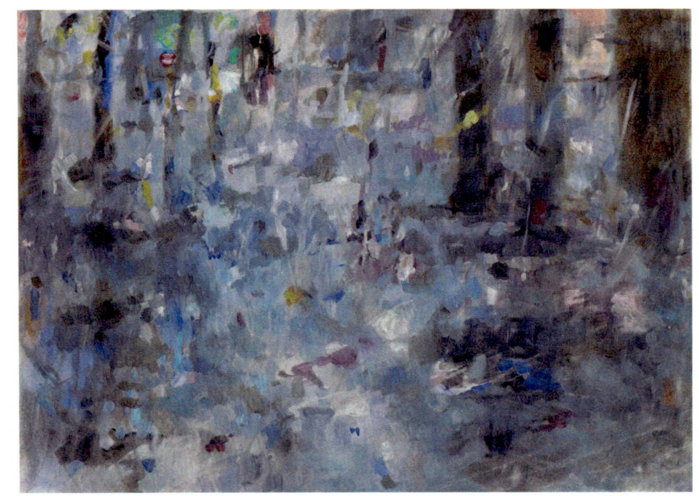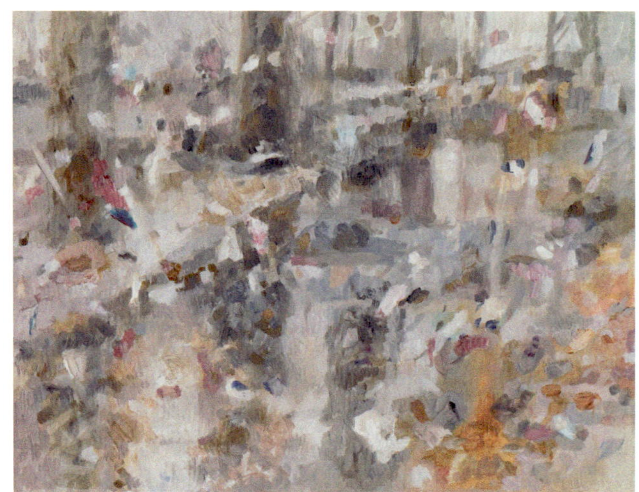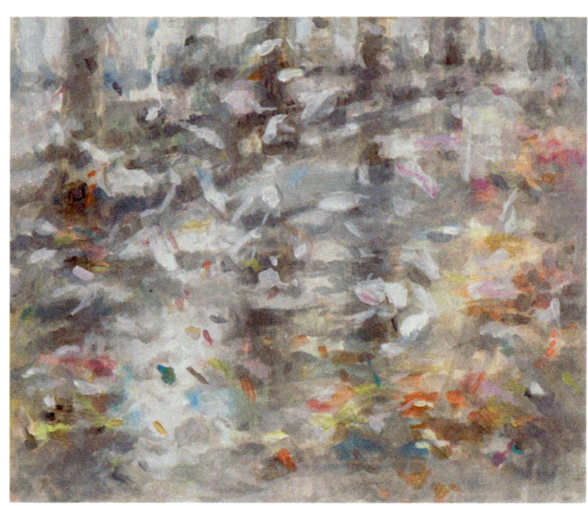

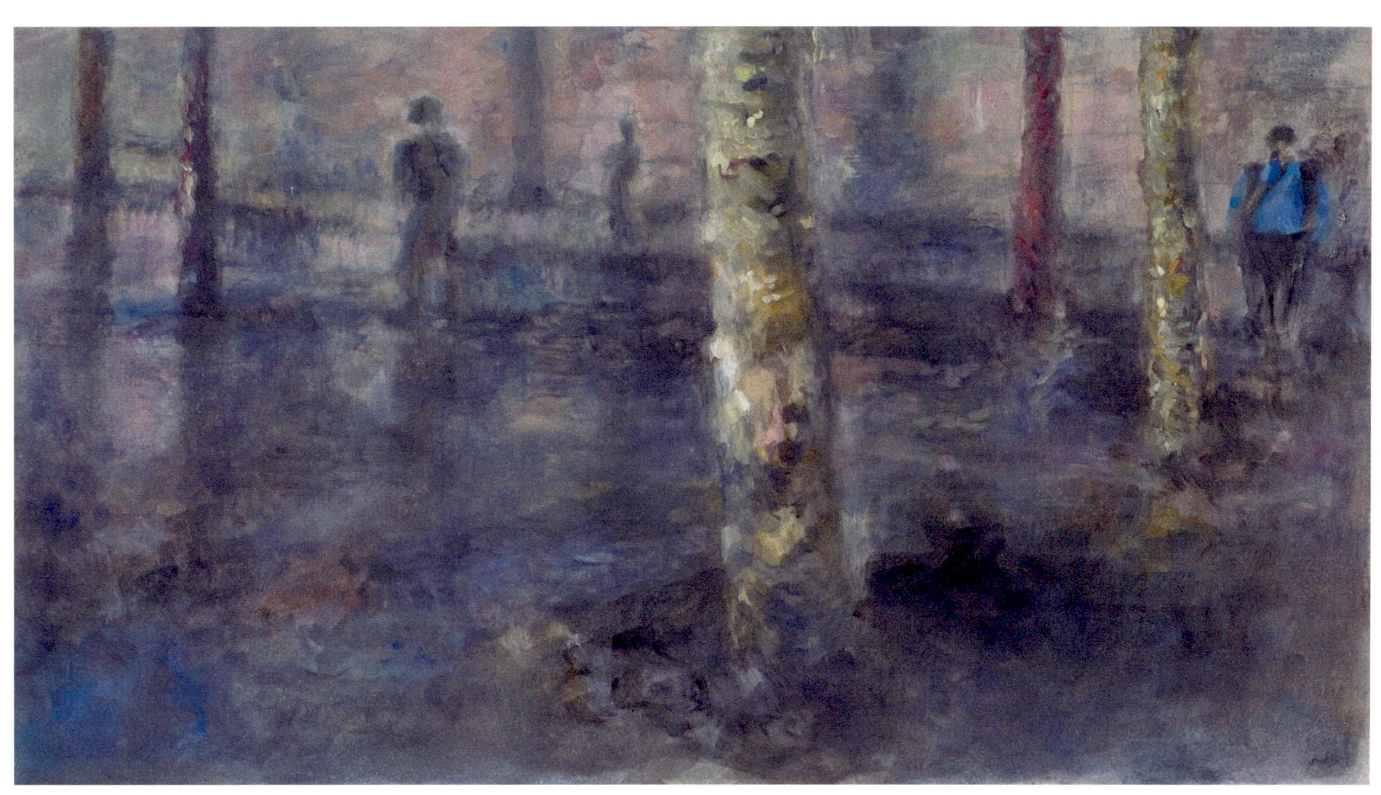

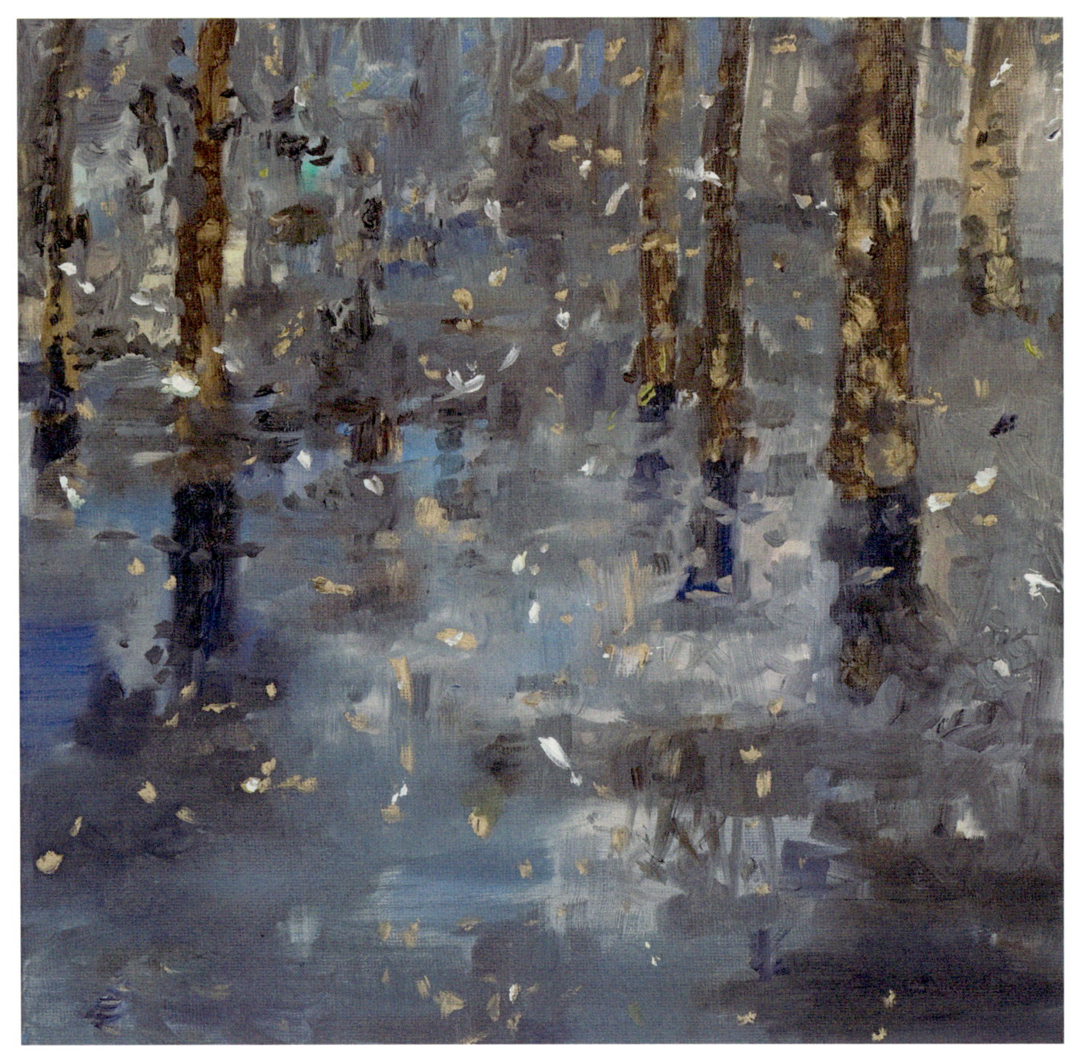

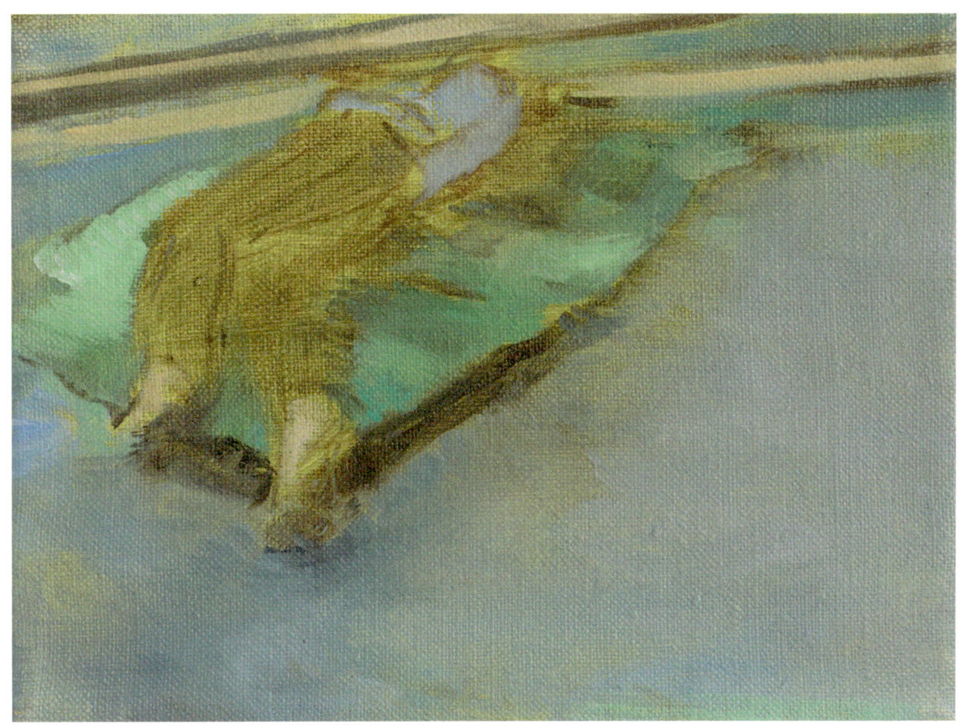

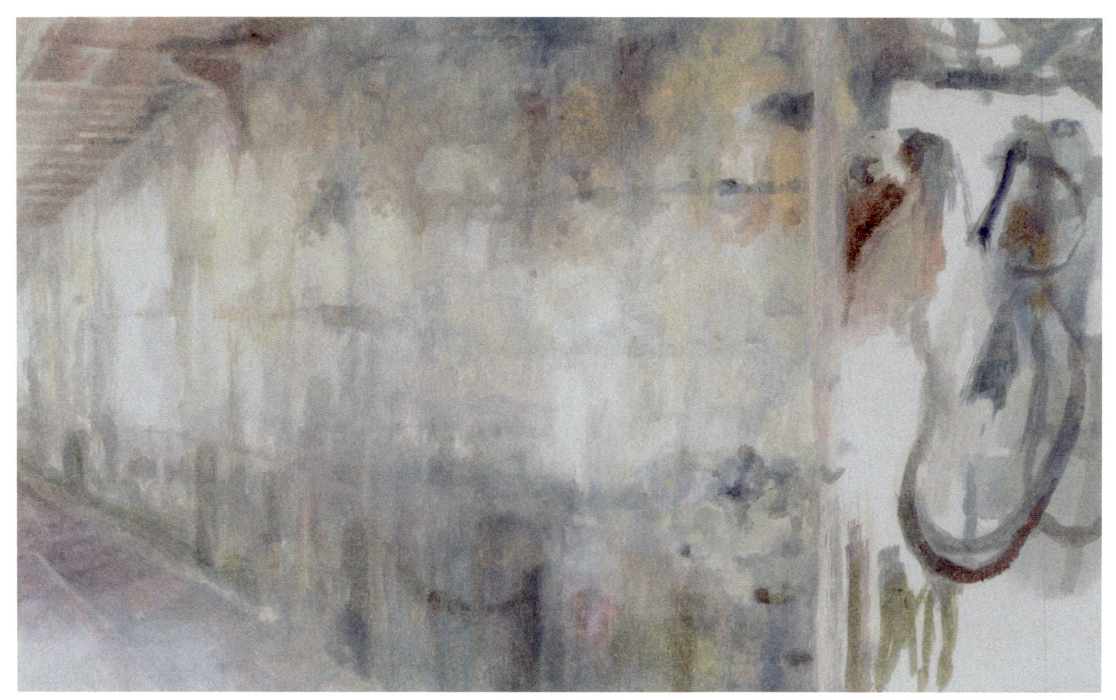

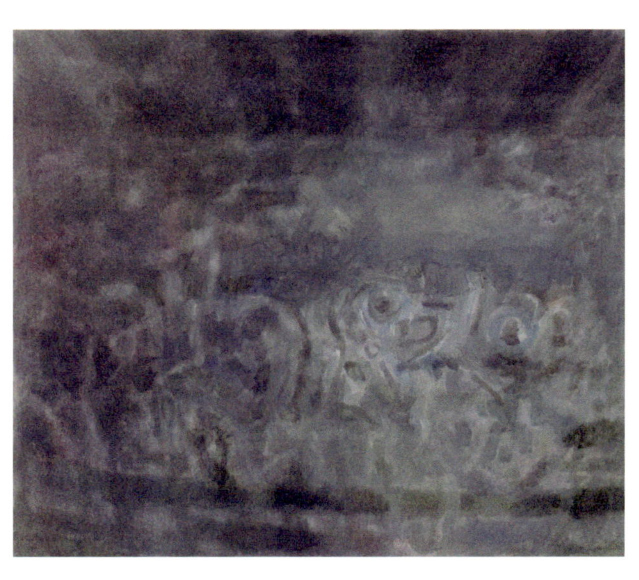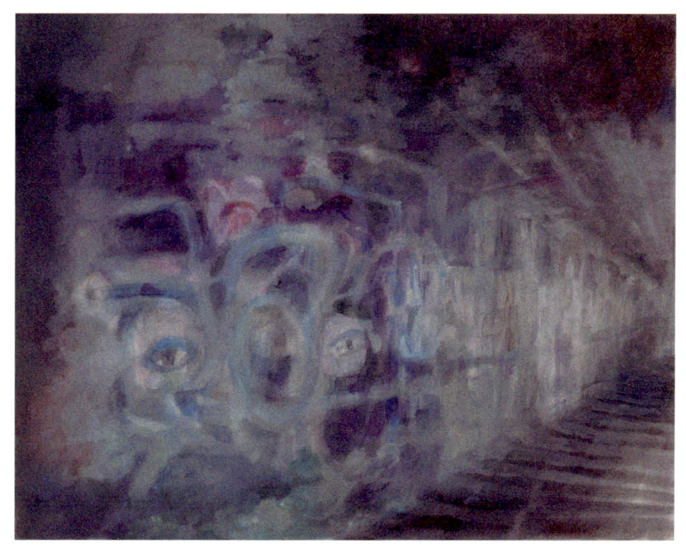

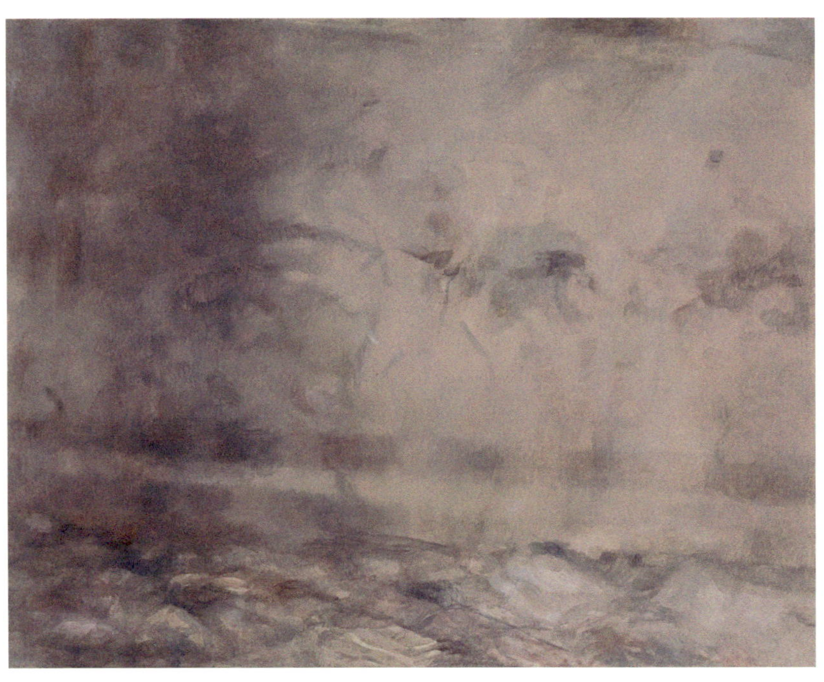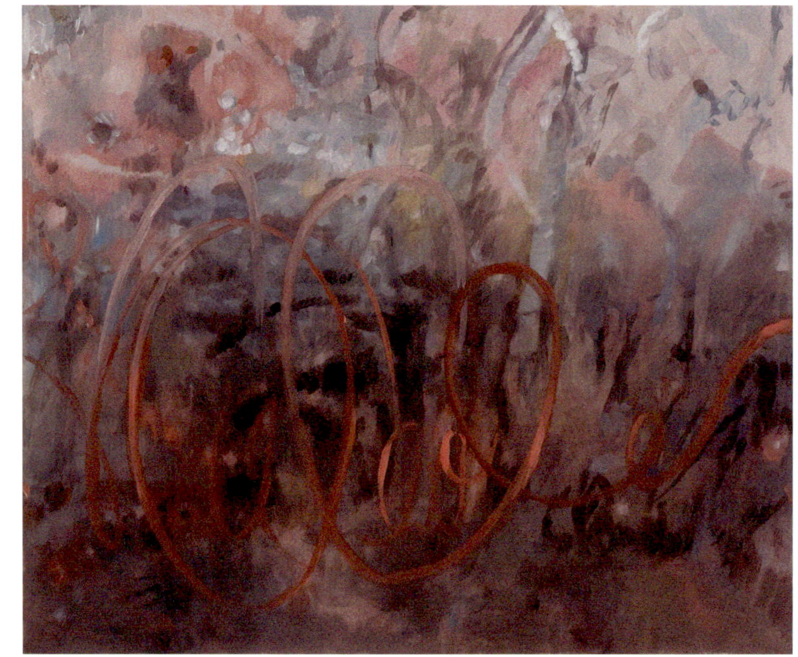

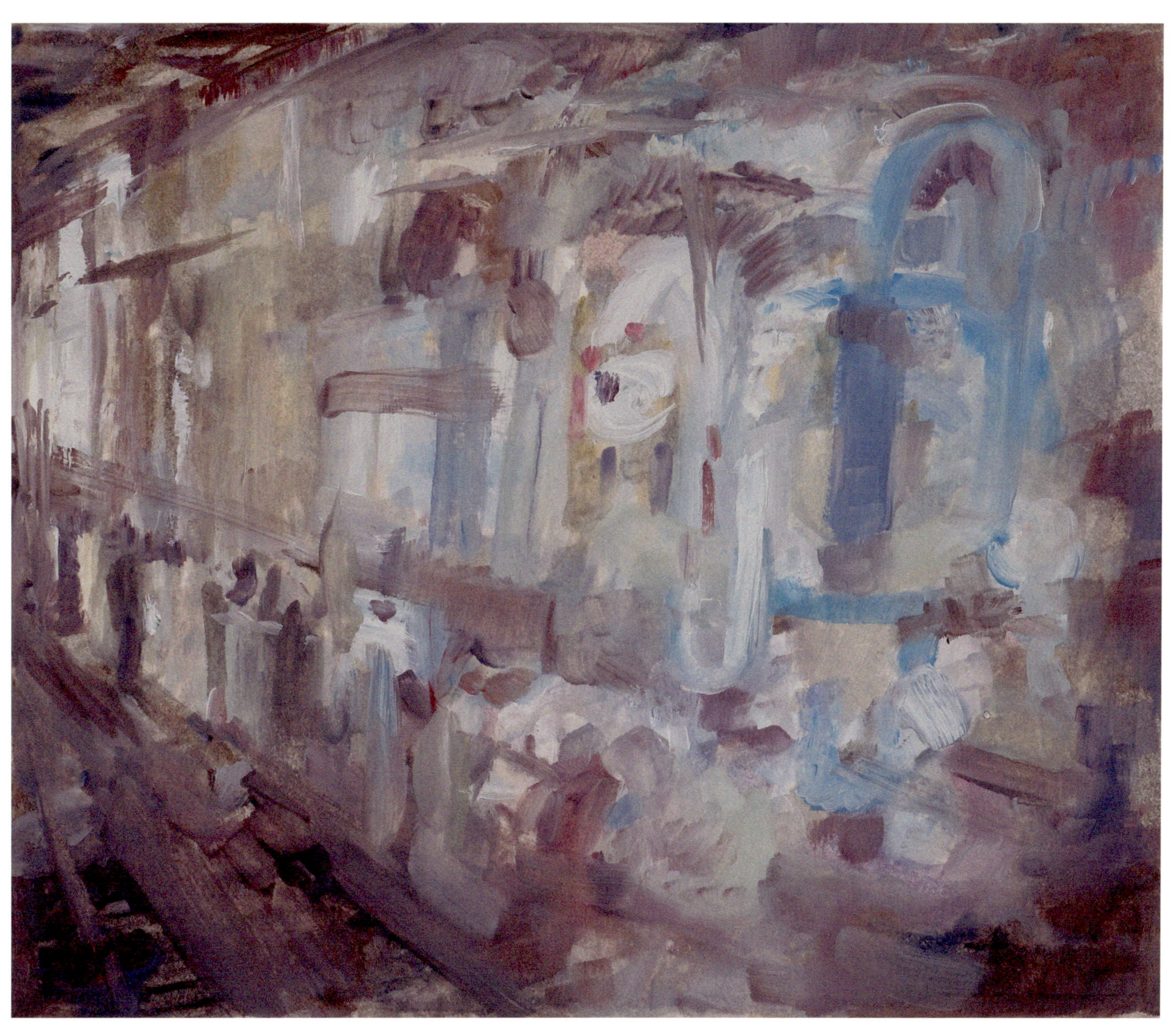

Folgende Seite *White Noise*, Ausschnitt in Originalgröße
The following page *White Noise*, detail in original size

Werkübersicht > Works 2004–2011

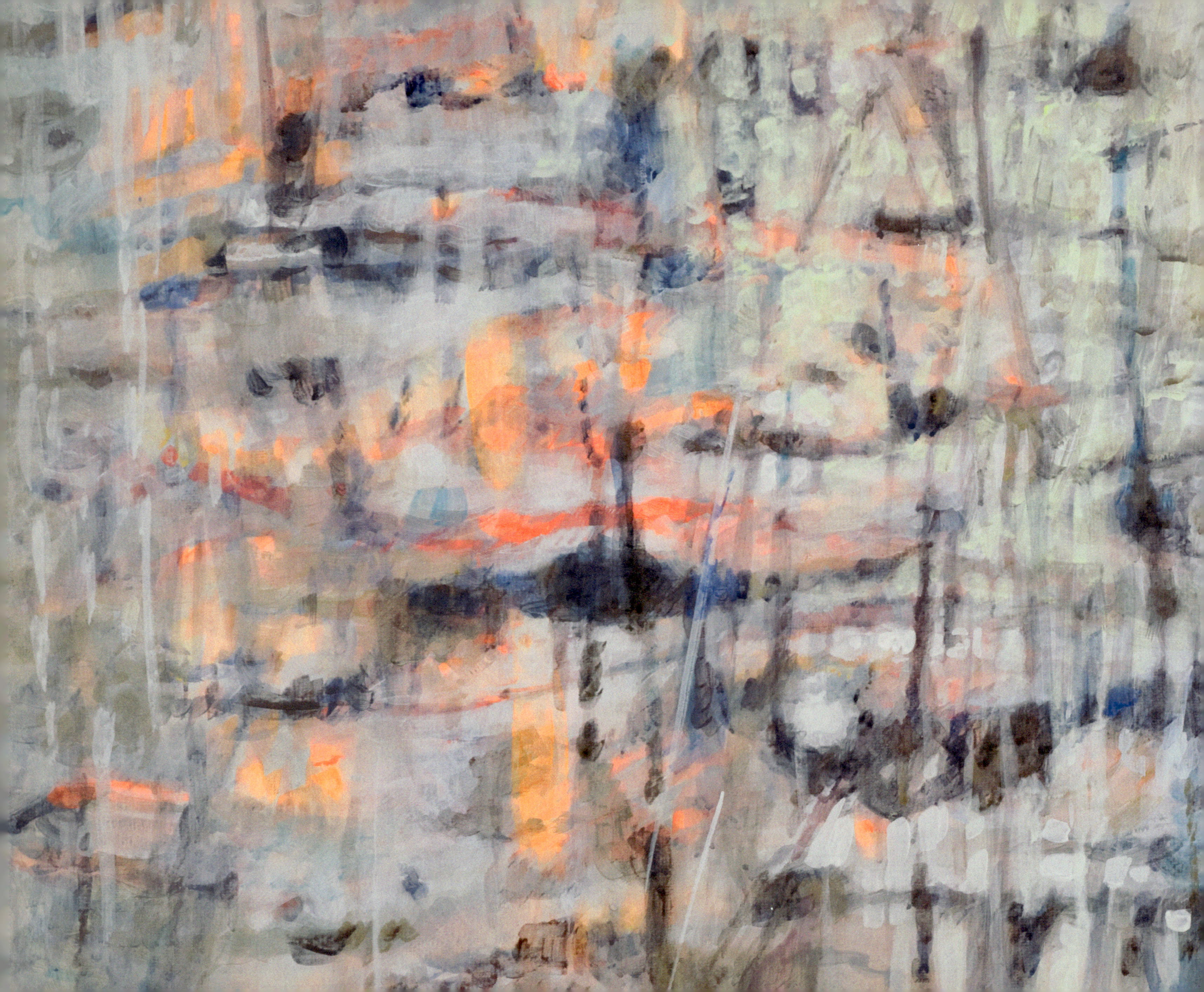

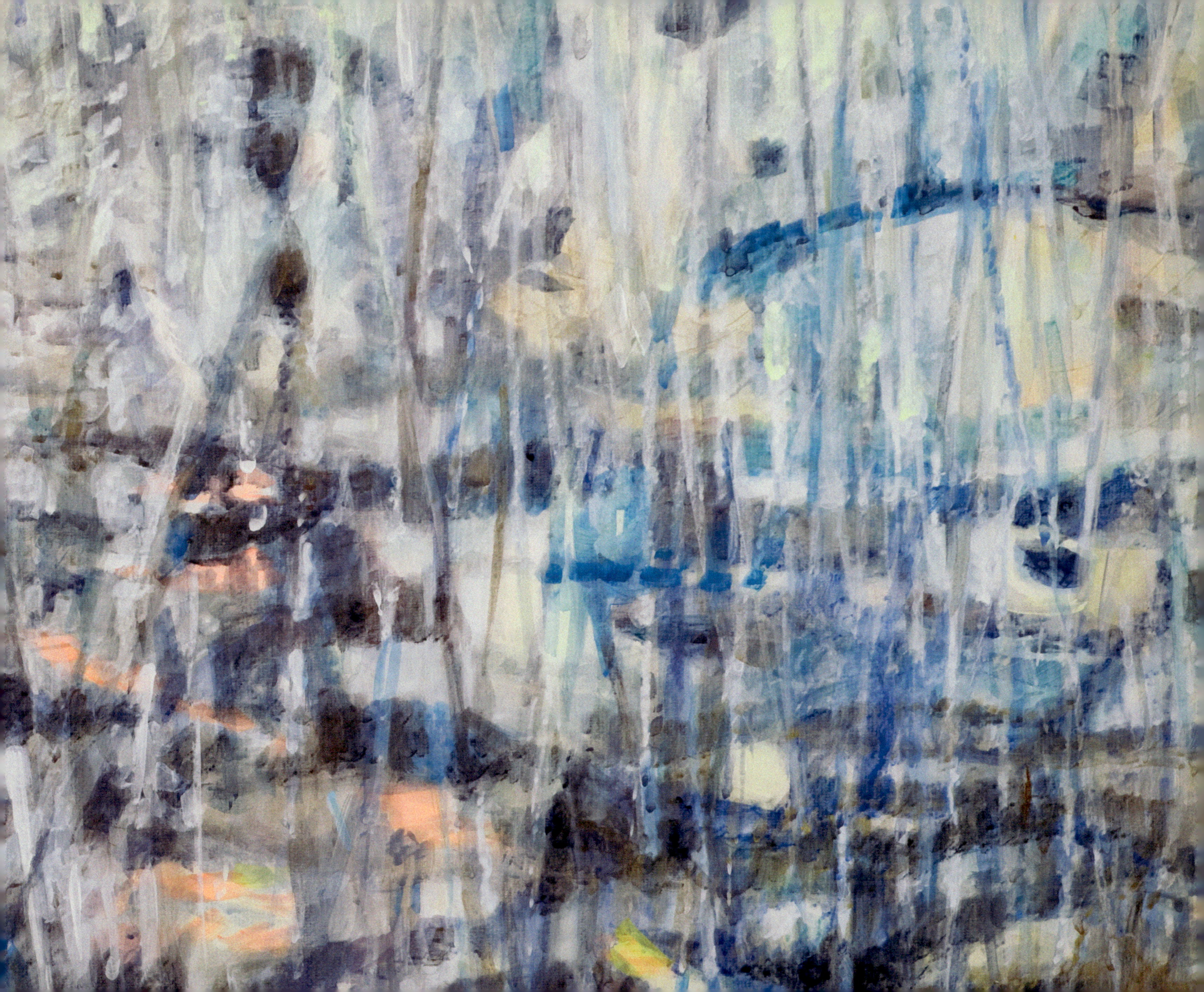

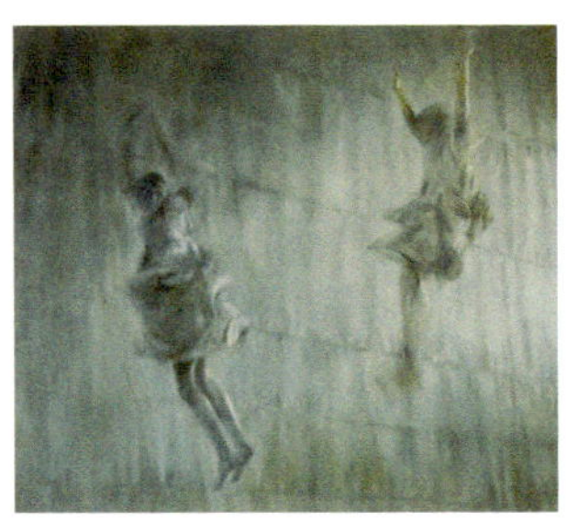

Ohne Titel, 2004, Öl auf Leinwand, 190 x 210 cm
Untitled, 2004, oil on canvas, 74.8 x 82.7 in
Marina Schulze

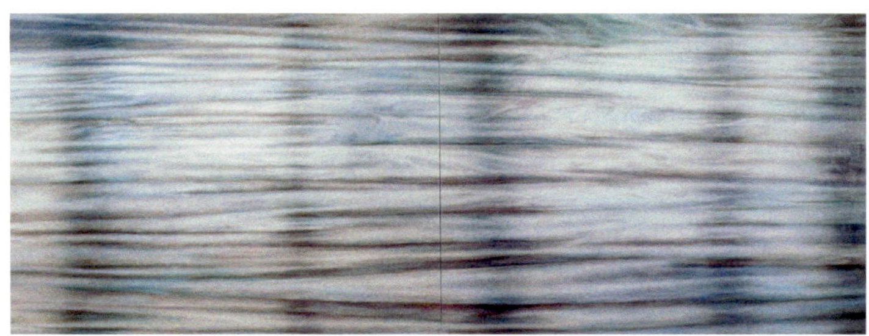

Vorhang II, 2005, Öl auf Leinwand, 190 x 500 cm
Curtain II, 2005, oil on canvas, 74.8 x 196.9 in

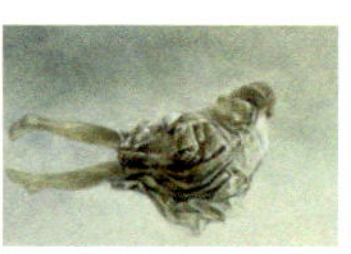

Ohne Titel, 2004, Öl auf Leinwand, 80 x 120 cm
Untitled, 2004, oil on canvas, 31.5 x 47.2 in
Privatbesitz > Private Collection Cambridge

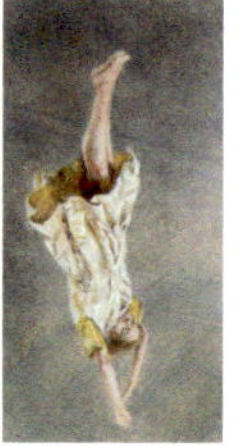

Kopfüber, 2004, Öl auf Leinwand, 160 x 80 cm
Upside Down, 2004, oil on canvas, 63 x 31.5 in
Privatbesitz > Private Collection Osnabrück

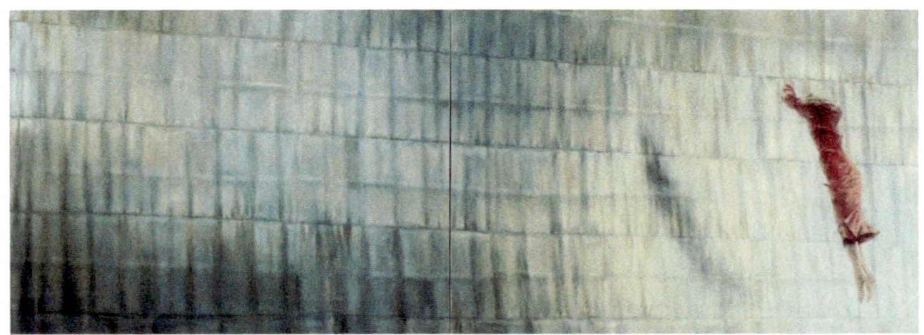

Der Raum, 2004, Öl auf Leinwand, 190 x 520 cm
The Space, 2004, oil on canvas, 74.8 x 204.7 in
Privatbesitz > Private Collection

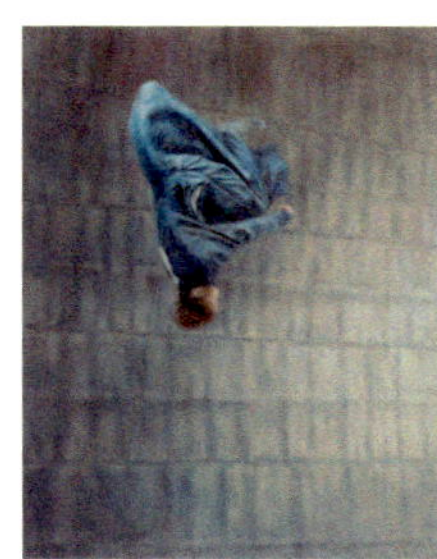

Gedreht, 2004, Öl auf Leinwand, 190 x 150 cm
Turned Around, 2004, oil on canvas, 74.8 x 59.1 in
Sammlung > Collection Kunstverein Bremerhaven

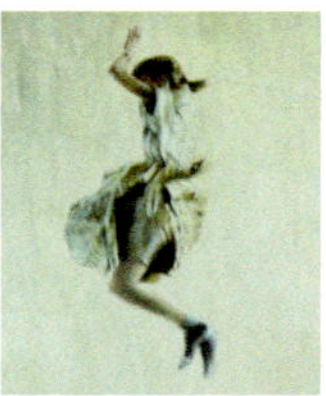

Ohne Titel (Fallende), 2004, Öl auf Leinwand, 140 x 115 cm
Untitled (Falling), 2004, oil on canvas, 55.1 x 45.3 in
Privatbesitz > Private Collection Berlin

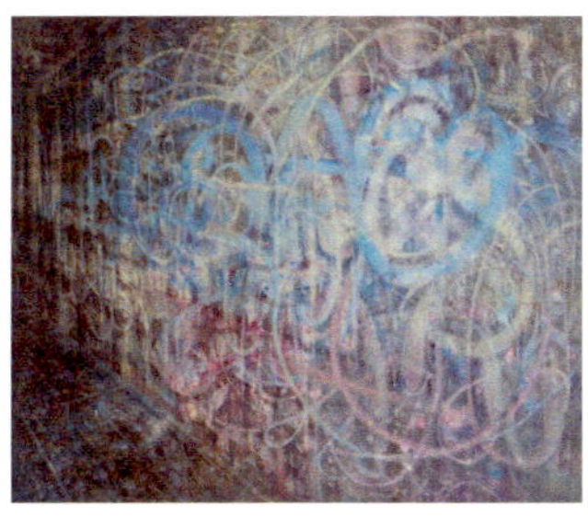

Blink, 2008, Acryl auf Leinwand, 190 x 220 cm
Blink, 2008, acrylic on canvas, 74.8 x 86.6 in
Privatsammlung > Private Collection Bremen

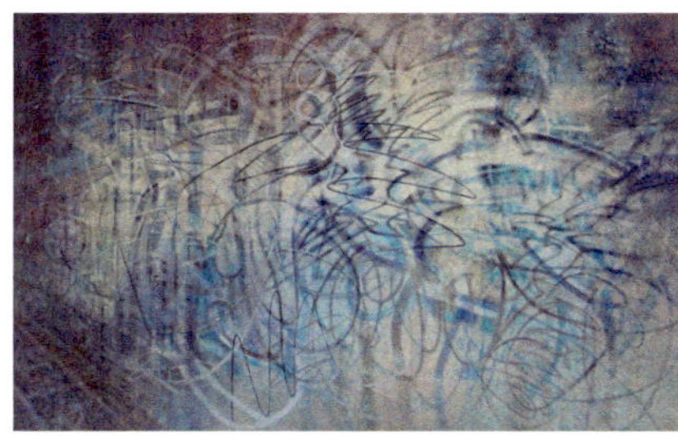

Scribble, 2009, Acryl auf Leinwand, 180 x 290 cm
Scribble, 2009, acrylic on canvas, 70.9 x 114.2 in

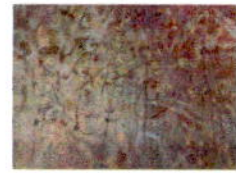

Kinky, 2009, Acryl auf Leinwand, 60 x 80 cm
Kinky, 2009, acrylic on canvas, 23.6 x 31.5 in

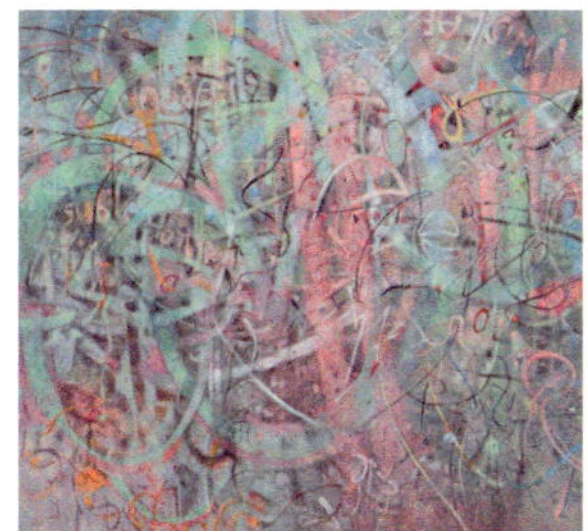

Pink, 2009, Acryl und Aquarell auf Leinwand, 190 x 200 cm
Pink, 2009, acrylic and watercolor on canvas, 74.8 x 78.7 in

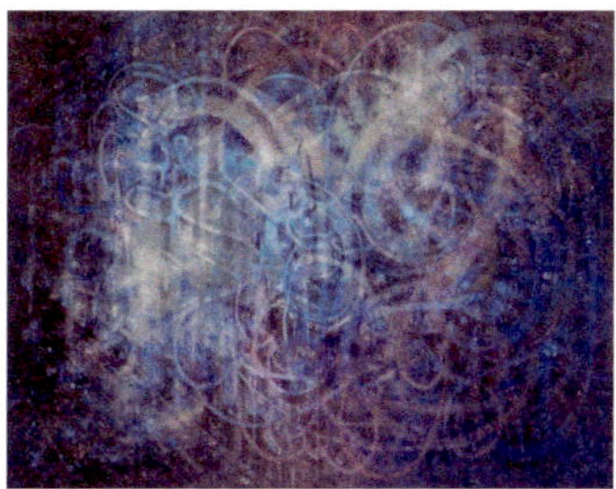

Gloom, 2008, Acryl auf Leinwand, 190 x 240 cm
Gloom, 2008, acrylic on canvas, 74.8 x 94.5 in
Privatbesitz > Private Collection Düsseldorf

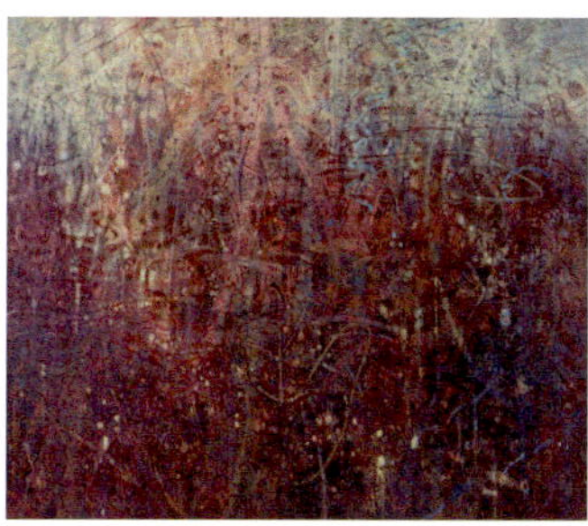

Colored Wall, 2009, Acryl auf Leinwand, 200 x 230 cm
Colored Wall, 2009, acrylic on canvas, 78.7 x 90.6 in

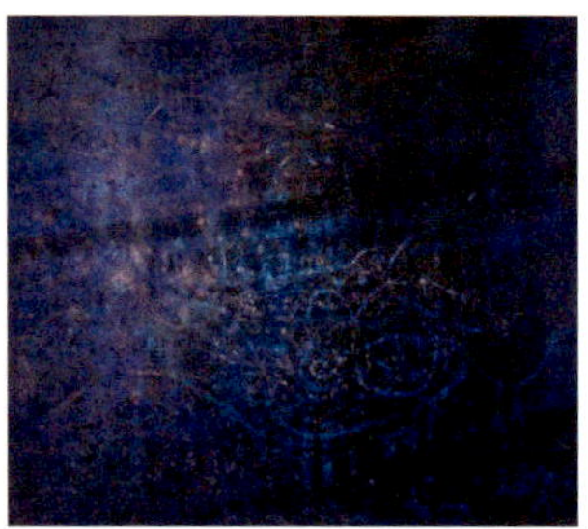

Dark, 2008, Acryl auf Leinwand, 190 x 210 cm
Dark, 2008, acrylic on canvas, 74.8 x 82.7 in
Privatbesitz > Private Collection Cambridge

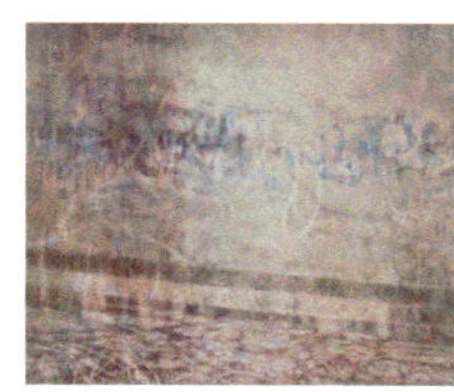

Underground Painting II, 2007, Acryl auf Leinwand, 130 x 160 cm
Underground Painting II, 2007, acrylic on canvas, 51.2 x 63 in
Privatsammlung > Private Collection Bremen

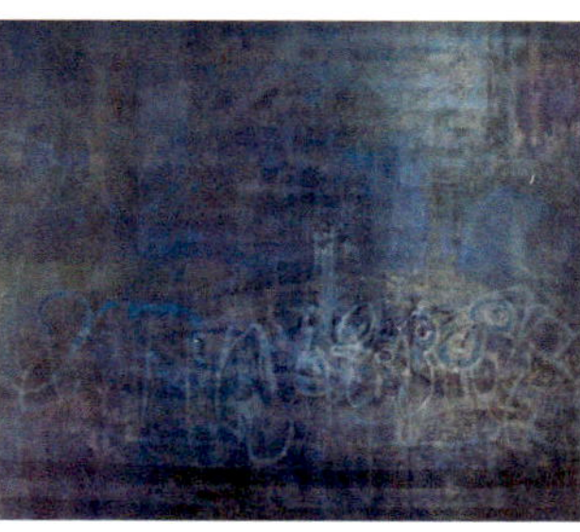

Underground Painting I, 2007, Acryl auf Leinwand, 190 x 220 cm
Underground Painting I, 2007, acrylic on canvas, 74.8 x 86.6 in
Privatbesitz > Private Collection Hamburg

Bright Wall, 2009, Acryl auf Leinwand, 90 x 120 cm
Bright Wall, 2009, acrylic on canvas, 35.4 x 47.2 in

Wall, 2009, Acryl auf Leinwand, 90 x 120 cm
Wall, 2009, acrylic on canvas, 35.4 x 47.2 in

Underground Painting III, 2008, Acryl auf Leinwand, 220 x 170 cm
Underground Painting III, 2008, acrylic on canvas, 86.6 x 66.9 in
Privatbesitz > Private Collection Bremerhaven

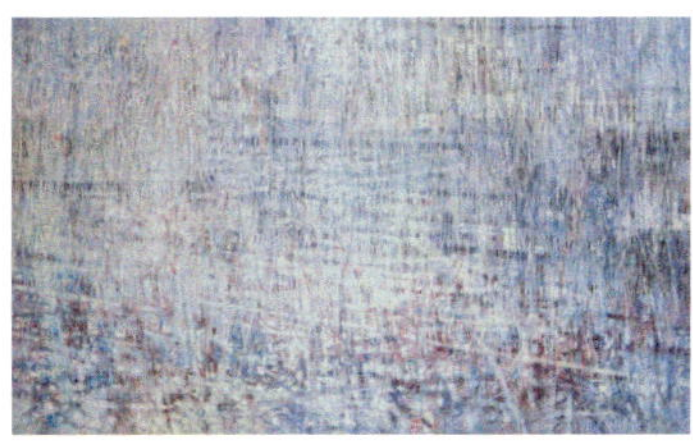

19th Street (Rain I), 2009, Acryl auf Leinwand, 160 x 240 cm
19th Street (Rain I), 2009, acrylic on canvas, 63 x 94.5 in

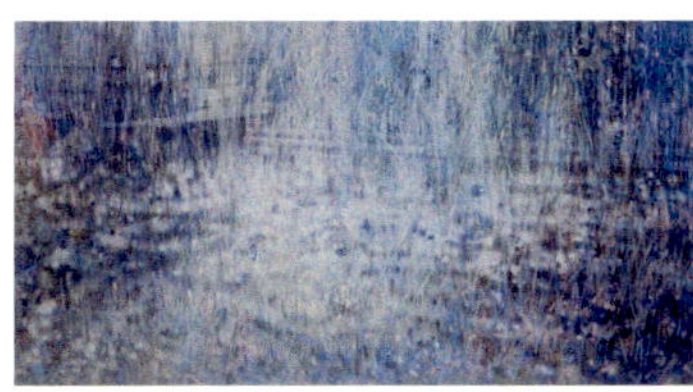

19th Street (Rain II), 2009, Acryl auf Leinwand, 130 x 250 cm
19th Street (Rain II), 2009, acrylic on canvas, 51.2 x 98.4 in
Privatbesitz › Private Collection Bremen

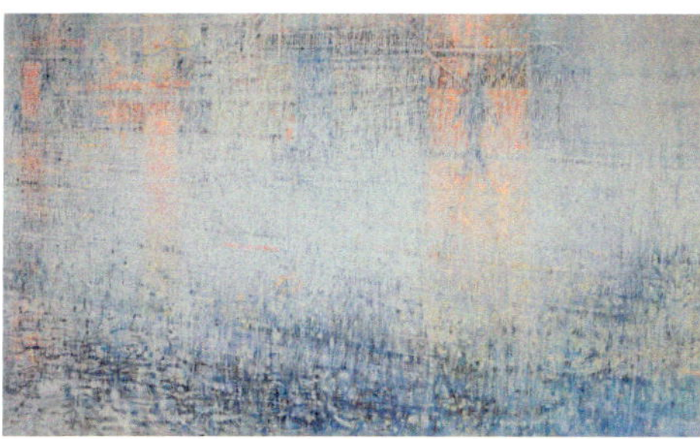

White Noise, 2010, Acryl auf Leinwand, 200 x 330 cm
White Noise, 2010, acrylic on canvas, 78.7 x 129.9 in

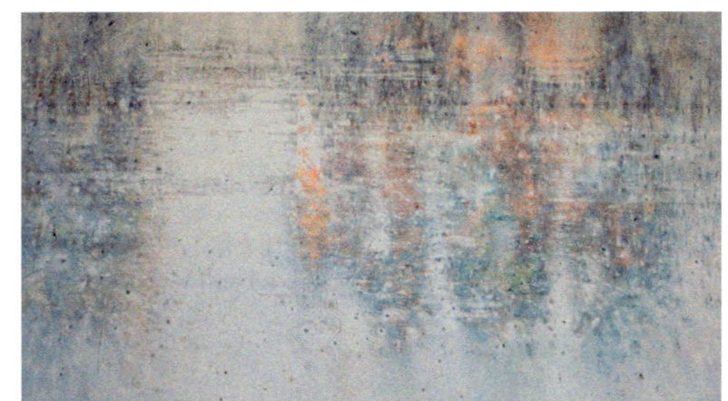

Black Spot, 2011, Acryl und Aquarell auf Leinwand, 200 x 350 cm
Black Spot, 2011, acryl and aquarell on canvas, 78.7 x 137.8 in

Studien > Studies

Studie > Study **1**
White Noise, 2010, Öl auf Papier, 13 x 22 cm
White Noise, 2010, oil on paper, 5.1 x 8.7 in
Sammlung > Collection Dodenhof

Studie > Study **2**
Black Spot, 2011, Öl auf Papier, 14 x 25 cm
Black Spot, 2011, oil on paper, 5.5 x 9.8 in

Studie > Study **3**
Central Park, 2009, Öl auf Papier, 13,4 x 26,5 cm
Central Park, 2009, oil on paper, 5.3 x 10.4 in
Sammlung > Collection Dodenhof

Studie > Study **4**
Central Park, 2009, Öl auf Papier, 14,4 x 26,1 cm
Central Park, 2009, oil on paper, 5.7 x 10.3 in
Sammlung > Collection Dodenhof

Studie > Study **5**
Rain, 2009, Öl auf Papier, 14 x 29 cm
Rain, 2009, oil on paper, 5.5 x 11.4 in

Studie > Study **6**
Rain, 2009, Öl auf Papier, 16 x 25 cm
Rain, 2009, oil on paper, 6.3 x 9.8 in

Studie > Study **7**
Rain, 2009, Öl auf Papier, 15 x 24 cm
Rain, 2009, oil on paper, 5.9 x 9.4 in

Studie > Study **8**
Central Park, 2009, Öl auf Papier, 15 x 21 cm
Central Park, 2009, oil on paper, 5.9 x 8.3 in

Studie > Study **9**
Central Park, 2009, Öl auf Papier, 16,5 x 21 cm
Central Park, 2009, oil on paper, 6.5 x 8.3 in
Sammlung > Collection Dodenhof

Studie > Study **10**
Central Park, 2009, Öl auf Papier, 17 x 20 cm
Central Park, 2009, oil on paper, 6.7 x 7.9 in
Michael Mikulla, Bablingen a. K.

Studie > Study **11**
Met, 2009, Öl auf Papier, 13,5 x 25 cm
Met, 2009, oil on paper, 5.3 x 9.8 in

Studie > Study **12**
Central Park, 2010, Öl auf Leinwand, 30 x 30 cm
Central Park, 2010, oil on canvas, 11.8 x 11.8 in

Studie > Study **13**
Liegende II, 2002, Öl auf Leinwand, 30 x 30 cm
Reclining Figure II, 2002, oil on canvas, 11.8 x 11.8 in
Sammlung > Collection Unverzagt

Studie > Study **14**
Ohne Titel, 2008, Öl auf Papier, 17,5 x 28,5 cm
Untitled, 2008, oil on paper, 6.9 x 11.2 in

Studie > Study **15**
Ohne Titel, 2007, Öl auf Papier, 19 x 22 cm
Untitled, 2007, oil on paper, 7.5 x 8.7 in

Studie > Study **16**
Ohne Titel, 2007, Öl auf Papier, 21 x 26 cm
Untitled, 2007, oil on paper, 8.3 x 10.2 in

Studie > Study **17**
Ohne Titel, 2007, Öl auf Papier, 19 x 23 cm
Untitled, 2007, oil on paper, 7.5 x 9.1 in
Privatsammlung > Private Collection Bremen

Studie > Study **18**
Colored Wall, 2009, Öl auf Papier, 22 x 25 cm
Colored Wall, 2009, oil on paper, 8.7 x 9.8 in
Privatbesitz > Private Collection

Studie > Study **19**
Ohne Titel, 2008, Öl auf Papier, 19 x 21,5 cm
Untitled, 2008, oil on paper, 7.5 x 8.5 in

Studie > Study **20**
White Noise, 2010, Öl auf Leinwand, 40 x 60 cm
White Noise, 2010, oil on canvas, 15.7 x 23.6 in

Biografie > Biography

Geboren 1975 > Born 1975
Lebt und arbeitet in Bremen > Lives and works in Bremen

Ausbildung > Education

1997–2004   HfK Bremen, bei > under Karin Kneffel, Katharina Grosse und > and Stefan Kürten
1998–1999   Studienaufenthalt in Florenz, Italien > Study abroad in Florence, Italy
2005   Meisterschülerabschluss bei > Master class graduate of Karin Kneffel

Preise, Auszeichnungen > Awards

2008   Karl Schmidt-Rottluff Stipendium > Scholarship
2007   BBK Stipendium für > BBK Scholarship for New York, USA
2005   DAAD Stipendium für > DAAD Scholarship for New York, USA
2002   Studienstiftung des deutschen Volkes > German National Academic Foundation Scholarship

Einzelausstellungen (Auswahl) > Solo Exhibitions (selection)

2009   *Gleam,* Kunsthalle Bremerhaven, Bremerhaven, Katalog > Catalog
2008   *Blink,* Elektrohaus Hamburg, Hamburg
2005   *Eintauchen,* Gerhard-Marcks-Haus / Pavillon, Bremen

Gruppenausstellungen (Auswahl) > Group Exhibitions (selection)

2012   Karl Schmidt-Rottluff Preisträgerausstellung > exhibition of the Karl Schmidt-Rottluff Prize winners,
            Kunsthalle Düsseldorf, Katalog > Catalog
2010   *Leinen los!,* Kunstverein Hannover, Hannover, Katalog > Catalog
2010   *33. Bremer Förderpreis für Bildende Kunst 2009,* Städtische Galerie, Bremen
2009   *Mal was Deutsches,* Hangar 7, Salzburg / Österreich, Austria, Katalog > Catalog
2009   *Die unsichtbare Hand,* Haus Coburg / Städtische Galerie Delmenhorst, Delmenhorst, Katalog > Catalog
2008   *Malerei 2008 – Förderpreis des Westfälischen Kunstvereins,* Westfälischer Kunstverein, Münster
2008   *sweet dreams,* Haus Coburg / Städtische Galerie Delmenhorst, Delmenhorst, Katalog > Catalog

Impressum > Colophon

Unser herzlicher Dank gilt den Sponsoren des Kataloges, ohne deren großzügige Unterstützung diese Publikation nicht hätte realisiert werden können. > We would like to express our gratitude to the following institutions for their generous support without which this publication would not have been possible.

Künstlerinnenverband Bremen, Waldemar Koch Stiftung, Bremen, Senator für Kultur der Freien Hansestadt Bremen

Herausgeber > Editor Kunstverein Bremerhaven von 1886 e. V.

Der Katalog erscheint nachträglich zur Ausstellung *Gleam,* 2009, Kunsthalle Bremerhaven. > This illustrated catalog is published in conjunction with the exhibition *Gleam,* which was shown in Kunsthalle Bremerhaven in 2009.

Kurator > Curator Thomas Trümper
Betreuung und Koordinierung > Assistance and Coordination Kai Kähler, Julia Schleis

Autoren > Authors Kathrin Meyer, Wolfgang Ullrich

Übersetzung > Translation Michelle Miles, Ingo Maerker

Lektorat > Copyediting
Deutsch > German Katrin Günther, Englisch > English Erik Smith

Fotografie > Photography
Titelseite > Front page Susan Silberman, alle Fotos von > all photos by Joachim Fliegner.
Volker Busch Seite > Page 6, 9, 11, 14, 28, 36, 106–108 Studien > Studies 14, 15, 16, 17

Projektmanagement > Project Management Kerber Verlag Katrin Günther

Gestaltung > Design Bianca Wessalowski

Die Deutsche Nationalbibliothek verzeichnet diese Publikation in der Deutschen Nationalbibliografie; detaillierte bibliografische Daten sind im Internet über http://dnb.d-nb.de abrufbar. > The Deutsche Nationalbibliothek lists this publication in the Deutsche Nationalbibliografie; detailed bibliographic data are available in the Internet at http://dnb.d-nb.de.

Gesamtherstellung und Vertrieb > Printed and published by

Kerber Verlag, Bielefeld
Windelsbleicher Str. 166–170
33659 Bielefeld
Germany

Tel. + 49 (0) 5 21/ 9 50 08-10
Fax + 49 (0) 5 21/ 9 50 08-88
info@kerberverlag.com
www.kerberverlag.com

Kerber, US Distribution
D.A.P., Distributed Art Publishers, Inc.
155 Sixth Avenue, 2nd Floor   Tel. + 1 212 6 27 19 99
New York, NY 10013   Fax + 1 212 6 27 94 84

ISBN 978-3-86678-475-8

Printed in Germany

Dank an > Acknowledgments

Jens Bartneck, Stefanie Böttcher, Joachim Fliegner, Katrin Günther, Jutta Haeckel, Christian Helwing, Dirk Dietrich Hennig, Kai Kähler, Christof Kerber, Ilse Klammer, Karin Kneffel, Klaus Heinrich Kohrs, Joachim Kreibohm, Kathrin Meyer, Michelle Miles, Verena Müller, Reinhard Osiander, Rose Pfister, David Pullman, Nanine Renninger, Julia Schleis, Marina Schulze, Joanna Schulte, Brigitte Seinsoth, Susan Silberman, Gisela Springer, Sabine Springer, Sebastian Springer, Siegfried Springer, Waltraut Steimke, Inke Trümper, Thomas Trümper, Wolfgang Ullrich, Bianca Wessalowski, Familie Wilhelm.

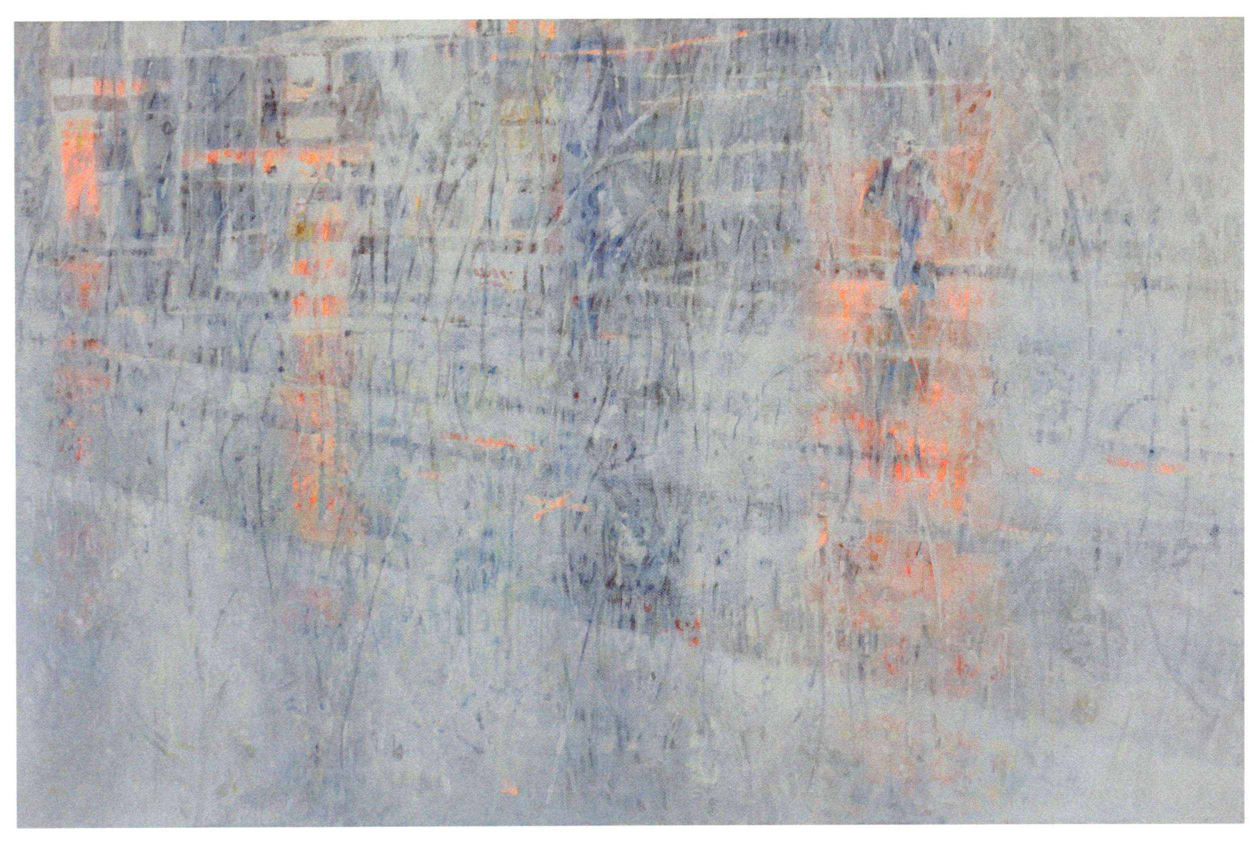

Studie 20 *White Noise*, 2010, Öl auf Leinwand, 40 x 60 cm
Study 20 *White Noise*, 2010, oil on canvas, 15.7 x 23.6 in